CORNEILLE

POLYEUCTE

tragédie

avec une Notice biographique, une Notice historique et littéraire, un Lexique, des Notes explicatives, des Documents, des Jugements, un Questionnaire et des Sujets de devoirs,

par

JACQUES TOMSIN

Agrégé des Lettres

LIBRAIRIE LAROUSSE

17, rue du Montparnasse, et boulevard Raspail, 114

Succursale : 58, rue des Écoles (Sorbonne)

RÉSUMÉ CHRONOLOGIQUE
DE LA VIE DE CORNEILLE
1606-1684

1606 — **Naissance à Rouen,** rue de la Pie, le **6 juin,** de Pierre Corneille, fils d'un avocat au parlement de Rouen. Sa famille, de moyenne bourgeoisie, est pieuse et économe.

1615-1622 — Brillantes études chez les Jésuites de Rouen; il obtient des prix de vers latins.

1624 — Corneille est reçu avocat stagiaire au parlement de Rouen. Il n'aurait, selon la tradition, plaidé qu'une seule fois dans sa vie.

1625 — Il écrit ses premiers vers, publiés en 1632, dans les *Mélanges poétiques*. — Naissance de Thomas Corneille, frère du poète.

1628 — Le père de Corneille lui achète deux offices : celui d'avocat du roi au siège des Eaux et Forêts, et celui de premier avocat du roi « en l'Amirauté de France au siège général de la Table de Marbre du palais de Rouen ». Ces charges valent 11 600 livres et rapportent environ 1 200 livres, soit assez peu. Elles obligent Corneille à une certaine activité administrative.

1629-1630 (date incertaine) — Corneille confie, selon une tradition du XVIIIe siècle, sa **première comédie, Mélite,** à la troupe de Mondory, qui passait par Rouen et qui la joue à Paris, au Jeu de paume Berthault.

*****1631** — *Clitandre,* tragi-comédie. La pièce est publiée avec les *Mélanges poétiques*.

1631 — *La Veuve,* comédie.

*****1632** — *La Galerie du Palais,* comédie.

*****1633** — *La Suivante,* comédie.

*****1634** — *La Place Royale,* comédie. — Corneille compose, en 1634, une élégie latine en l'honneur de Louis XIII et de Richelieu, de passage à Rouen. *La Gazette* mentionne pour la première fois le nom de Corneille.

1635 — Il aborde la tragédie avec *Médée;* il fait partie - avec Boisrobert, Colletet, L'Estoile et Rotrou - du groupe des cinq auteurs que patronne Richelieu, et reçoit du cardinal une pension qu'il touchera jusqu'en 1643. — Représentation de *la Comédie des Tuileries,* écrite par ce groupe.

1636 — *L'Illusion comique,* comédie.

1637 — *Le Cid,* tragi-comédie (probablement dans les tout premiers jours de l'année). — **Querelle du Cid :** *Excuse à Ariste,* de Corneille; *Observations sur « le Cid »,* de Scudéry; *Sentiments de l'Académie sur « le Cid »,* rédigés par Chapelain. — Corneille peut porter le titre d'écuyer; sa famille se voit accorder des armoiries.

1639 — Mort du père de Corneille.

1640 — *Horace,* tragédie.

1641 — *Cinna,* tragédie. — Mariage de Corneille avec Marie Lampérière, fille du lieutenant général des Andelys; il aura d'elle six enfants. — Corneille collabore à *la Guirlande de Julie.*

*****1642** (date très discutée) — *Polyeucte,* tragédie chrétienne. — Naissance, en 1642, de Marie Corneille, trisaïeule de Charlotte Corday.

*****1643** — *La Mort de Pompée,* tragédie; *le Menteur,* comédie. — Corneille rencontre Molière en Normandie.

---

* La chronologie des premières représentations n'est pas toujours fixée avec certitude pour bon nombre des pièces de Corneille antérieures à 1647. Pour chaque date précédée d'un astérisque (*), la pièce fut jouée pendant la saison théâtrale qui, commencée l'année précédente, se termine l'année indiquée. Exemple : *Clitandre* date de la saison 1630-1631.

©1959, BY AUGÉ, GILLON, HOLLIER-LAROUSSE, MOREAU ET Cie. *Librairie Larousse, Paris.*

NOUVEAUX CLASSIQUES LAROUSSE

FONDÉS PAR   **DIRIGÉS PAR**
FÉLIX GUIRAND   **LÉON LEJEALLE**
Agrégés des Lettres

POLYEUCTE

tragédie

Il est interdit d'exporter le présent ouvrage au Canada, sous peine des sanctions prévues par la loi et par nos contrats.

Phot. Atlas-Photo.

CHAPELLE RUPESTRE EN CAPPADOCE
Vestige du christianisme primitif dans le pays de Polyeucte.

- *1644 — *La Suite du « Menteur »*, comédie. Premier recueil d'Œuvres de Corneille en librairie.
- *1645 — **Rodogune**, tragédie. — Le roi commande à Corneille *les Triomphes de Louis XIII*. Le poète compose des inscriptions destinées à accompagner des dessins sur les victoires du roi.
- *1646 — *Théodore, vierge et martyre*, tragédie chrétienne.
- 1647 — Corneille est reçu à l'Académie française (22 janvier). — *Héraclius*, tragédie. A l'instigation de Mazarin, Corneille collabore à *Andromède* et reçoit 2 400 livres.
- 1650 — *Andromède*, tragédie à machines. *Don Sanche d'Aragon*, comédie héroïque. — Corneille, nommé procureur syndic des états de Normandie, en remplacement d'un ennemi de Mazarin, revend 6 000 livres ses charges d'avocat, incompatibles avec ses nouvelles fonctions.
- **1651** — **Nicomède**, tragédie. — Echec de *Pertharite*, tragédie (dans les derniers mois de l'année). — Corneille renonce au théâtre. — Il perd sa charge de procureur syndic, qui est rendue à son ancien titulaire (politique d'apaisement à l'égard des Frondeurs).
- **1652-1656** — Corneille publie la traduction en vers de l'*Imitation de Jésus-Christ*.

***

- 1659 — Retour de Corneille au théâtre avec *Œdipe*, tragédie dédiée à Fouquet. A la fin de l'année, un riche noble de Normandie, le marquis de Sourdéac, propose à Corneille l'idée d'une représentation à grand spectacle, en l'honneur du mariage du roi.
- **1660** — **Edition complète du *Théâtre* de Corneille, avec les trois *Discours sur le poème dramatique* et les *Examens* de chaque pièce.**
- 1661 — *La Toison d'or*, tragédie à machines, représentée « pour réjouissance publique du mariage du Roi et de la Paix avec l'Espagne ».
- 1662 — **Sertorius**, tragédie. Corneille reçoit une pension annuelle de 2 000 livres (somme assez symbolique, puisque la première du *Tartuffe*, au Palais-Royal, en 1669, rapporta 2 860 livres). — Il quitte Rouen pour venir s'installer à Paris (7 octobre).
- 1663 — *Sophonisbe*, tragédie. Saint-Evremond défend la nouvelle tragédie; Donneau de Visé, au contraire, l'attaque, tandis que l'abbé d'Aubignac publie quatre dissertations contre *Sertorius*, *Sophonisbe* et *Œdipe*.
- 1664 — *Othon*, tragédie. — Un édit ayant révoqué toutes les lettres de noblesse données en Normandie depuis 1630, Corneille adresse un sonnet au roi.
- 1665 — Corneille perd son fils Charles.
- 1666 — *Agésilas*, tragédie.
- **1667** — **Attila**, tragédie, jouée par la troupe de Molière. — Corneille perd son troisième fils, tandis que l'aîné est blessé au siège de Douai.
- 1669 — Les frères Corneille obtiennent la confirmation de leur noblesse.
- 1670 — *Tite et Bérénice*, comédie héroïque, jouée huit jours après la *Bérénice* de Racine. — Traductions de l'*Office de la Sainte Vierge*.
- 1671 — *Psyché*, comédie-ballet, avec Molière, Quinault et Lully.
- 1672 — Poème sur les *Victoires du Roi en Hollande*. — *Pulchérie*, comédie héroïque.
- **1674** — Corneille perd son second fils, tué au siège de Grave en Brabant. — Il donne sa **dernière tragédie**, **Suréna**.
- 1676 — Le roi fait représenter à Versailles six tragédies de Corneille.
- 1680 — Corneille publie les traductions des *Hymnes de saint Victor*.
- **1682** — Il donne une **édition complète** de son *Théâtre*.
- **1684** — **Mort de Corneille, le 1er octobre, à Paris.**

*Corneille avait quinze ans de plus que La Fontaine; seize ans de plus que Molière; vingt ans de plus que M*me* de Sévigné; trente ans de plus que Boileau; trente-trois ans de plus que Racine.*

CORNEILLE ET SON TEMPS

	vie et œuvre de Corneille	le mouvement intellectuel et artistique	les événements historiques
1606	Naissance à Rouen (6 juin).	Débuts de Malherbe à la Cour.	Révolte du duc de Bouillon.
1629	Mélite, comédie.	Saint-Amant : Œuvres.	Richelieu, principal ministre.
1631	Clitandre, tragi-comédie. La Veuve, comédie.	Mairet : Silvanire. Racan : Psaumes de la pénitence. Guez de Balzac : le Prince.	Révoltes de Gaston d'Orléans. Victoires en Allemagne de Gustave-Adolphe, soutenu par la France (guerre de Trente Ans).
1632	La Galerie du Palais, comédie.	Mort d'A. Hardy. Rembrandt : la Leçon d'anatomie.	La Révolte, défaite et exécution d'Henri de Montmorency. Procès de Marillac.
1634	La Place Royale, comédie.	Mairet : Sophonisbe, tragédie. Rotrou : Hercule mourant, tragédie. Ph. de Champaigne : le Vœu de Louis XIII.	Disgrâce et assassinat de Wallenstein.
1635	Médée, tragédie. Il fait partie des « cinq auteurs ».	Fondation officielle de l'Académie française.	Déclaration de guerre à l'Espagne.
1636	L'Illusion comique, comédie.	Rotrou : les Sosies, comédie. Scudéry : la Mort de César, tragédie. Tristan L'Hermite : Marianne, tragédie.	Complot de Gaston d'Orléans. Perte et reprise de Corbie.
1637	Le Cid, tragi-comédie. Querelle du Cid.	Desmarets : les Visionnaires. Descartes : Discours de la méthode. Mort de Ben Jonson.	Révolte des « Croquants » du Limousin. Révolte de l'Écosse contre Charles Iᵉʳ.
1640	Horace, tragédie.	Publication de l'Augustinus. Mort de Rubens.	Prise d'Arras et occupation de l'Artois par les Français.
1641	Cinna, tragédie. Mariage de Corneille.	Descartes : Méditations métaphysiques.	Complot du comte de Soissons.
1642	Polyeucte, tragédie chrétienne.	Du Ryer : Esther. La Calprenède : Cassandre, roman.	Complot et exécution de Cinq-Mars. Prise de Perpignan. Mort de Richelieu (4 décembre), remplacé par Mazarin. Début de la Révolution anglaise.
1643	La Mort de Pompée, tragédie. Le Menteur, comédie.	Arrivée à Paris de Lully. Découverte du baromètre par Torricelli.	Mort de Louis XIII (14 mai). Victoire de Rocroi (19 mai).
1645	Rodogune, tragédie.	F. Mansart commence la construction du Val-de-Grâce.	Victoire française de Nördlingen sur les Impériaux.

1646	Théodore, vierge et martyre, tragédie chrétienne.	Rotrou : Saint Genest. Cyrano de Bergerac : le Pédant joué.	
1647	Réception à l'Académie française. Héraclius, tragédie.	Rotrou : Venceslas. Vaugelas : Remarques sur la langue française. Pascal : Nouvelles Expériences touchant le vide.	Prise de Dunkerque.
1651	Nicomède, tragédie. Echec de Pertharite, à la fin de l'année.	Scarron : le Roman comique. Hobbes : le Léviathan. Ribera : la Communion des apôtres.	Fuite de Charles Ier en Ecosse : il est livré au Parlement par les Ecossais.
1659	Retour au théâtre avec Œdipe, tragédie, dédiée à Fouquet.	Molière : les Précieuses ridicules. Lully : Ballet de la raillerie.	Alliance du parlement de Paris et des princes. Exil de Mazarin (février). Libération de Condé; ralliement de Turenne à la cause royale.
1662	Sertorius, tragédie. Corneille quitte Rouen pour Paris.	Molière : l'Ecole des femmes. Mort de Pascal. Fondation de la manufacture des Gobelins.	Paix des Pyrénées : l'Espagne cède l'Artois et le Roussillon à la France. Abdication de Richard Cromwell.
1663	Sophonisbe, tragédie.	Racine : Ode Sur la convalescence du Roi.	Michel Le Tellier, Colbert et Hugues de Lionne deviennent ministres.
1664	Othon, tragédie.	Racine : la Thébaïde. Molière : le Mariage forcé.	Invasion de l'Autriche par les Turcs. Lettres patentes pour la fondation de la Compagnie des Indes.
1666	Agésilas, tragédie.	Molière : le Misanthrope; le Médecin malgré lui. Boileau : Satires. Fondation de l'Académie des sciences.	Condamnation de Fouquet, après un procès de quatre ans.
1667	Attila, tragédie, jouée par la troupe de Molière.	Racine : Andromaque. Milton : le Paradis perdu.	Alliance franco-hollandaise contre l'Angleterre. Mort d'Anne d'Autriche. Incendie de Londres.
1670	Tite et Bérénice, comédie héroïque.	Racine : Bérénice. Molière : le Bourgeois gentilhomme. Mariotte découvre la loi des gaz.	Conquête de la Flandre par les troupes françaises (guerre de Dévolution).
1672	Pulchérie, comédie héroïque.	Racine : Bajazet. Th. Corneille : Ariane. Molière : les Femmes savantes.	Mort de Madame. Les états de Hollande nomment Guillaume d'Orange capitaine général.
1674	Suréna, dernière de ses tragédies (novembre).	Racine : Iphigénie. Boileau : Art poétique. Malebranche : De la recherche de la vérité.	Déclaration de guerre à la Hollande. Passage du Rhin (juin).
1684	Mort de Corneille à Paris (1er octobre).	La Bruyère nommé précepteur du jeune duc de Bourbon.	Victoires de Turenne à Entzheim (Alsace) sur les Impériaux, et de Condé à Seneffe sur les Hollandais. Trêve de Ratisbonne : l'Empereur reconnaît l'annexion de Strasbourg.

BIBLIOGRAPHIE SOMMAIRE

OUVRAGES GÉNÉRAUX SUR CORNEILLE :

Gustave Lanson — *Corneille* (Paris, Hachette, 1898).

Charles Péguy — *Victor-Marie, comte Hugo* (Paris, « Cahiers de la Quinzaine », 1910; Gallimard, 1934).

Jean Schlumberger — *Plaisir à Corneille* (Paris, Gallimard, 1936).

Robert Brasillach — *Corneille* (Paris, Fayard, 1938).

Octave Nadal — *le Sentiment de l'amour dans l'œuvre de Pierre Corneille* (Paris, Gallimard, 1948).

Paul Bénichou — *Morales du Grand Siècle* (Paris, Gallimard, 1948).

Antoine Adam — *Histoire de la littérature française au XVIIe siècle*, tomes Ier et II (Paris, Domat, 1948 et 1951).

Louis Herland — *Horace ou la Naissance de l'homme* (Paris, éd. de Minuit, 1952); *Corneille par lui-même* (Paris, éd. du Seuil, 1954).

Georges Couton — *Corneille* (Paris, Hatier, 1958).

SUR « POLYEUCTE » :

Jean Calvet — *« Polyeucte » de Corneille* (Paris, Mellottée, 1934).

SUR LA LANGUE DE CORNEILLE :

Jean Dubois et René Lagane — *Dictionnaire de la langue française classique* (Paris, Belin, 1960).

POLYEUCTE
1642

NOTICE

CE QUI SE PASSAIT EN 1641-1642

■ *EN POLITIQUE. A l'intérieur:* Les complots des grands seigneurs contre Richelieu continuent : le comte de Soissons, de concert avec les ducs de Guise et de Bouillon, s'allie aux Espagnols sous prétexte de renverser le ministre; il est battu et tué au combat de la Marfée, près de Sedan (1641). L'année suivante, Cinq-Mars et de Thou échouent à leur tour et sont exécutés. — D'autre part, Richelieu poursuit sa politique de centralisation administrative, en installant dans les provinces, à poste fixe, des intendants de justice, de police et de finance. Richelieu meurt le 4 décembre 1642.

A l'extérieur : La guerre de Trente Ans se poursuit. L'alliance franco-portugaise (février 1641) et la prise du Roussillon par les Français affaiblissent les Espagnols, tandis que l'Empire commence la première négociation de paix avec la France : la victoire de la France à Kempen accentue l'avantage français sur les Impériaux.

A l'étranger : En Angleterre, la révolte des puritains contre Charles Ier arrive à sa phase décisive. Le Long Parlement condamne à mort le ministre Strafford, qui avait été le plus fidèle soutien du pouvoir royal (mai 1641). L'année suivante, le roi quitte Londres : la guerre civile commence.

■ *EN LITTÉRATURE :* Nombreuses pièces de théâtre. Rotrou : Clarice (comédie). Boisrobert : la Vraie Didon (tragédie). Du Ryer : Esther (tragédie). Tristan l'Hermite : la Folie du sage (tragi-comédie). — Vogue du roman précieux. Mlle de Scudéry : Ibrahim ou l'Illustre Bassa (1641). La Calprenède donne en 1642 le premier des dix volumes de Cassandre. L'Hotel de Rambouillet est dans toute sa gloire : la Guirlande de Julie est offerte en 1642 à Mlle de Rambouillet. — Descartes publie ses Méditations métaphysiques (1641). Le mouvement janséniste commence à se développer : tandis que l'abbé de Saint-Cyran est emprisonné (1638-1642), Antoine Arnauld publie son traité De la fréquente communion.

■ *DANS LES ARTS :* La peinture française est brillamment représentée par Poussin, Le Lorrain et les trois frères Le Nain. Rubens vient *de mourir en 1640, mais Rembrandt (la Ronde de nuit, 1642), Franz Hals et Vélasquez (Vues d'Aranjuez, 1642) sont à leur apogée.*

■ *DANS LES SCIENCES : Outre Descartes, deux grands noms dominent les sciences mathématiques et physiques : Fermat et Roberval; un nouveau venu s'impose : Blaise Pascal, agé de seize ans, qui compose, durant l'hiver 1639-1640, son Essai sur les coniques. Galilée est en résidence surveillée à Arcetri, près de Florence, pour avoir démontré la rotation de la Terre.*

REPRÉSENTATION DE LA PIÈCE

L'édition originale, publiée sous le titre de *Polyeucte, martyr, tragédie* chez Antoine de Sommaville et Augustin Courbé, parut en 1643. Le privilège, accordé à l'auteur et non à son éditeur, contrairement à une tradition que Corneille avait déjà réussi à rompre l'année précédente avec *Cinna*, porte la date du 30 janvier 1643. L'achevé d'imprimer — à Rouen, chez Laurens Maurry — est du 20 octobre.

Mais quand la pièce fut-elle jouée pour la première fois? On ne le sait pas au juste. Marty-Laveaux, dans son édition de Corneille (*Grands Écrivains de France*, Hachette, 1862-1868), a avancé successivement les dates de 1640 (tome III, p. 468) et de 1643 (tome X). Mais la première est invraisemblable, puisqu'on sait qu'*Horace* fut joué au cours de la saison de 1639-1640 et *Cinna*, au cours de celle de 1640-1641. Quant à la seconde, elle se heurte au témoignage de l'abbé d'Aubignac, qui assure (*Pratique du théâtre*, nouveau chapitre manuscrit du livre VI) que « feu M. le cardinal de Richelieu » désapprouva la pièce. Or, Richelieu mourut en décembre 1642. On pourrait donc en conclure que *Polyeucte* fut joué au cours de la saison 1641-1642. Mais R. Pintard reporte *Polyeucte* à la saison 1642-1643 : des représentations privées auraient eu lieu devant le cardinal entre le 17 octobre et le 18 novembre 1642. La première publique se situerait dans les derniers jours de 1642 ou au début de 1643[1].

Si on ignore la date à laquelle *Polyeucte* fut représenté pour la première fois, on est sûr que la pièce fut, comme les précédentes et comme *la Mort de Pompée*, qui lui succéda, donnée au théâtre du Marais. Les témoignages du temps parlent tous de l'accueil favorable que la tragédie reçut du public. Il y eut d'assez nombreuses reprises par la suite au théâtre de l'hôtel Guénégaud, et *Polyeucte* passa en 1680 au répertoire de la Comédie-Française. Jusqu'en 1700, c'est la moins jouée des grandes tragédies de Corneille (50 représentations contre 82 à *Rodogune* et 100 à *Cinna*), mais le XVIIIe siècle voit *Polyeucte* se placer à peu près au même rang

---

1. *Revue d'histoire littéraire de la France*, juillet-septembre 1964.

qu'*Horace* et *Cinna*. De 1800 à 1900, la pièce est moins appréciée, sauf aux périodes où un comédien l'impose, comme Rachel dans le rôle de Pauline (54 représentations de 1840 à 1850) ou Mounet-Sully dans celui de Polyeucte (42 représentations de 1884 à 1900), mais, au total, avec ses 181 représentations au cours de ce siècle, *Polyeucte* vient loin non seulement après *le Cid* (440 représentations), mais aussi après *Cinna* ou *Horace*, qui sont joués plus de 300 fois. En revanche, au XXe siècle, seul *le Cid* connaît plus de succès. De 1680 à 1965, *Polyeucte* a été donné 703 fois à la Comédie-Française.

ANALYSE DE LA PIÈCE

(Les scènes principales sont indiquées entre parenthèses.)

■ *ACTE PREMIER*. **Le songe de Pauline.**

Polyeucte, jeune seigneur arménien, gendre de Félix, gouverneur romain de la province, a promis à son ami, le chrétien Néarque, de parachever sa conversion en allant recevoir le baptême. Mais, Pauline, sa jeune épouse, alarmée par un songe, a instamment demandé à Polyeucte de ne pas sortir. Et Polyeucte, parfait amant, se refuse à lui désobéir et résiste aux objurgations de son ami **(scène première)**. Puis brusquement, comme Pauline entre en scène, il consent à se laisser entraîner par Néarque, en adressant à sa femme des excuses obscures et maladroites. Pauline, restée seule avec sa confidente **(scène III)**, lui explique le trouble que lui a causé son rêve : elle a aimé autrefois un chevalier romain, Sévère, dont Félix n'a pas voulu pour gendre à cause de son peu de fortune. Pauline, par devoir filial, s'est inclinée et a épousé Polyeucte. Or, son rêve lui a montré Sévère triomphant, Polyeucte jeté par les chrétiens aux pieds de son rival et menacé par Félix, un poignard à la main. Or, voici que Félix accourt porteur d'une bouleversante nouvelle. Sévère, qu'on croyait avoir péri au combat, revient victorieux, au comble de la fortune, favori de l'empereur Décie. Félix, qui craint son ressentiment, ordonne à sa fille d'aller l'accueillir elle-même. Après avoir d'abord refusé, Pauline accepte l'entrevue **(scène IV)**.

■ *ACTE II*. **Pauline et Polyeucte choisissent l'honneur.**

Sévère, qui vient d'apprendre que Pauline est mariée, réagit d'abord avec amertume quand celle-ci lui confirme qu'elle est définitivement liée à Polyeucte. Mais il se range à sa décision quand elle l'invite à une séparation, qui est pour l'un comme pour l'autre la solution exigée par l'honneur **(scène II)**. Pauline fait part de cette décision à son mari, qui admire une vertu si parfaite. Cependant, on vient chercher Polyeucte pour qu'il assiste au sacrifice offert aux dieux par Sévère en l'honneur de ses victoires. Polyeucte est prêt à s'y rendre. Néarque lui en fait reproche : comment un chrétien qui vient de recevoir le baptême peut-il se compromettre avec les

12 — *NOTICE*

infidèles? Mais Polyeucte proclame alors le dessein qu'il a conçu : il veut aller briser les idoles et mourir martyr de sa foi. C'est au tour de Néarque de tergiverser et de résister aux prières de son ami, qui, finalement, l'entraîne à suivre son zèle **(scène VI)**.

■ *ACTE III.* **Polyeucte héros de la foi.**
Tandis que Pauline s'inquiète de l'entrevue de Sévère et de Polyeucte, sa confidente Stratonice vient lui annoncer le scandale provoqué au temple par Polyeucte et par Néarque **(scène II)**. Félix, qui a fait arrêter les deux coupables, explique à Pauline sa décision : il a, conformément aux décrets, envoyé Néarque au supplice, en espérant que Polyeucte, effrayé des conséquences de son acte, renoncera à sa foi **(scène III)**. Déçu dans son attente, Félix accepte cependant d'intervenir auprès de Polyeucte et de laisser intervenir Pauline, pour le conduire par la persuasion là où la menace n'a pas réussi. Resté seul avec son confident Albin, Félix lui fait part de ses inquiétudes **(scène V)**.

■ *ACTE IV.* **La victoire de Polyeucte.**
Polyeucte, qui n'a rien concédé à Félix, se détache de tous les biens terrestres avant d'affronter les larmes et les supplications de Pauline **(scène II)**. Celle-ci tente, mais en vain, de faire appel au sentiment des devoirs que l'honneur et l'amour devraient imposer à Polyeucte **(scène III)**. Ayant mandé Sévère, Polyeucte lui confie sa femme **(scène IV)**. Mais Pauline enlève à Sévère tout espoir qu'elle puisse accepter cette solution : elle obtient de lui qu'il intercède auprès de Félix en faveur de son rival.

■ *ACTE V.* **Le miracle de la grâce.**
Félix n'a pas cru à la sincérité de la démarche généreuse de Sévère : il tente, une dernière fois, de convaincre Polyeucte, cherchant même à lui faire accroire qu'il est prêt à se convertir lui-même **(scène II)**. Pauline, à son tour, supplie à la fois son père et son mari **(scène III)**. Mais Polyeucte proclame sa foi et est envoyé à la mort. Pauline, qui a assisté au supplice de son mari, est touchée par la grâce **(scène V)**. Elle se convertit; Félix lui-même embrasse la foi chrétienne, et Sévère promet d'être auprès de l'Empereur le défenseur d'une politique de tolérance à l'égard des chrétiens **(scène VI)**.

GENÈSE ET SOURCES DE « POLYEUCTE »
La succession des trois chefs-d'œuvre (*Horace, Cinna, Polyeucte*) qui, après *le Cid*, ont fait l'impérissable gloire de Corneille justifie la formule célèbre de Péguy : « Les trois tragédies de Corneille, d'un seul, même et triple geste, comme des cariatides, se couronnent en *Polyeucte*[1]. »

---
1. Ch. Péguy, *Victor-Marie, comte Hugo* (Gallimard), p. 117.

De fait, du point de vue des thèmes, c'est bien à un couronnement de l'héroïsme tragique selon Corneille que fait songer *Polyeucte*. A l'héroïsme qui se range sous l'impératif de l'honneur familial (*le Cid*), au total dévouement à l'ordre patriotique (*Horace*), au dépassement même du pouvoir universel (*Cinna*) succède et, semble-t-il, devait nécessairement succéder l'héroïsme en Dieu, qui implique le plus total dépouillement de tous les biens et de toutes les valeurs terrestres. « Corneille, comme l'a dit Péguy, était tiré de toutes parts vers *Polyeucte*. Il était conduit, il montait de toutes parts vers *Polyeucte*[1]. » Et, sans doute, avec Péguy, faut-il invoquer, pour expliquer cette montée, « toute cette grâce », « toute cette charité » dont son œuvre était pleine — mais, plus encore, à notre sens, cette soif de victoire, de plus en plus large, de plus en plus radicale, que l'homme cornélien se doit, en tant qu'homme, en tant que volonté libre, de remporter sur son humanité même. L'héroïsme mystique, le renoncement absolu à ce monde étaient l'aboutissement extrême de cette dialectique cornélienne de l'héroïsme, par laquelle l'homme se mutile et se nie lui-même volontairement, dans ses affections les plus chères, dans ses plus légitimes intérêts, pour mieux s'affirmer et se reconquérir tout entier.

C'est dans les *Vitae sanctorum* de Surius, ou plutôt de son éditeur et continuateur Mosander (XVIe siècle), que Corneille déclare avoir trouvé son sujet. Et l'on verra dans l'Abrégé et dans l'Examen (p. 142) qu'il apporte tous ses soins et toute son exactitude à admettre ce qu'il doit à Surius, qui lui-même suivait Siméon Métaphraste, hagiographe du Xe siècle, et ce qui, dans sa pièce, se trouve ajouté à cette tradition : « Le songe de Pauline, l'amour de Sévère, le baptême effectif de Polyeucte, le sacrifice pour la victoire de l'Empereur, la dignité de Félix, que je fais gouverneur d'Arménie, la mort de Néarque, la conversion de Félix et de Pauline sont des inventions et des embellissements de théâtre » (Abrégé, p. 28).

Il n'est pas cependant impossible que Corneille, bien qu'il n'en dise rien, ait eu connaissance de la pièce italienne *Polietto*, de Girolamo Bartolommei, publiée en 1632 avec six autres tragédies du même auteur. Il est vrai que Corneille n'a pu trouver dans cette pièce, d'ailleurs médiocre, aucun élément qui ne fût déjà dans Surius, dont Bartolommei s'inspire étroitement. Mais Bartolommei a pu conduire Corneille vers son sujet et l'encourager à écrire une tragédie chrétienne, à une époque où les dévots et les doctes jugeaient généralement condamnable une telle entreprise. L'hypothèse est d'autant plus vraisemblable que Bartolommei, qui écrivit dix tragédies, dont huit sacrées, est l'auteur d'une *Teodora* dont le sujet et la source sont identiques à ceux de la *Théodore, vierge et martyre* que Corneille fera représenter au cours de la saison 1645-1646[2].

---

1. Ch. Péguy, *Victor-Marie, comte Hugo* (Gallimard), p. 164; 2. Sur cette question : voir Henri Hauvette, *Un précurseur italien de Corneille, Girolamo Bartolommei* (dans les *Annales de l'Université de Grenoble*, 4e trimestre 1897).

D'autre part, un rapprochement entre *Polyeucte* et l'*Agathomphile* de J. P. Camus, ami de Corneille, n'est pas non plus sans intérêt[1]. On trouve, en effet, dans ce roman de Camus (1621), le personnage et le nom de Sévère, ainsi qu'un haut fonctionnaire, dont le caractère et le comportement annoncent manifestement Félix.

L'ACTION ET LES PERSONNAGES

La structure de *Polyeucte* est complexe, mais, en même temps, parfaitement claire : elle fait intervenir plusieurs conflits, qui ne convergent et ne s'unifient que tardivement, mais pour atteindre à une harmonie d'ensemble, à une hiérarchie complète des thèmes qui fait songer, sur le plan moral comme sur le plan esthétique, à une symphonie merveilleusement conduite.

Le premier visage de Polyeucte, tel qu'il se révèle au début de la tragédie, est celui d'un homme en qui le monde encore domine, et qui n'entend que faiblement l'appel de Dieu. Quant à Pauline, angoissée par un songe qui l'obsède et humiliée de voir son mari partager si peu ses inquiétudes, elle apparaît comme une jeune femme un peu romanesque, mais parfaitement vertueuse, qui a gardé en son cœur le souvenir d'un grand amour, tout en acceptant, par devoir filial, le mariage imposé par Félix ; en se mariant, elle a assumé aussi le devoir d'amour qui la lie à Polyeucte.

Or, presque au même moment, l'appel de Néarque entraîne Polyeucte à courir à ce baptême qu'il avait jusque-là différé (acte premier, scène première), et l'appel de Félix détermine Pauline à revoir Sévère, brusquement rendu à la vie. Ce retour inattendu de Sévère peut paraître invraisemblable : il était du moins préparé par le songe de Pauline, et Corneille a eu soin de le justifier par le récit d'Albin (vers 280-316), qui prête à Sévère des aventures héroïques certainement plus capables d'émerveiller les cavaliers du temps de Louis XIII que les spectateurs d'aujourd'hui. En tout cas, la réapparition de Sévère crée dans l'action deux conflits distincts et pourtant symétriques : celui de Polyeucte, partagé entre Pauline et Dieu ; celui de Pauline, que son devoir conduit à affronter un déchirement sentimental.

Or, ces deux conflits semblent résolus à l'acte II : Pauline a non seulement résisté au sentiment qui risquerait de l'entraîner vers Sévère, mais elle a obtenu de celui-ci qu'il accepte la séparation. Polyeucte, baptisé, est au comble de la joie : à la scène IV de l'acte II, il rassure Pauline et, instruit par elle de son entrevue avec Sévère, il rend hommage à la noblesse du chevalier romain et à la vertu de Pauline. Les deux motifs qui pouvaient créer le drame entre les trois personnages semblent donc écartés. Or, au cours de la scène VI

---

1. Voir M. Magendie, *Des sources inédites de « Polyeucte »* (in *Revue d'histoire littéraire*, 1932, pp. 383-390).

de l'acte II, qui forme l'antithèse de la scène première de l'acte premier, Polyeucte, en face de Néarque, qui, à son tour, tergiverse et hésite, proclame le dessein qu'il a conçu : il veut bien briser les idoles et mourir martyr de sa foi. Une difficulté réelle s'élève ici : à quel moment Polyeucte s'est-il décidé au martyre ? Le ton des scènes IV et V ne laissait guère prévoir un pareil projet. Faut-il croire que le reproche de Néarque (*Oubliez-vous déjà que vous êtes chrétien ?* [vers 639]), a déclenché instantanément cette décision ? En tout cas, cette deuxième sortie de Polyeucte, dans un mouvement symétrique à celui de l'acte premier, marque la progression du héros sur le chemin d'une gloire nouvelle. Mais cette transfiguration de Polyeucte, où il faut bien voir un effet de la grâce, semble rejeter dans l'oubli son conflit, qu'avait fait apparaître l'acte premier. En même temps, le problème propre à Pauline, qui semblait héroïquement résolu, est susceptible de se rouvrir.

La tragédie n'a donc pas encore trouvé l'équilibre de ses thèmes à la fin de cet acte II. Le malentendu tragique entre Pauline et Polyeucte se manifeste bien lors du monologue qui commence l'acte III. Pauline craint qu'une querelle n'éclate entre les deux rivaux réunis au temple ; elle redoute une provocation de l'un ou de l'autre (on serait tenté de dire un duel) ; elle n'imagine pas d'autre cause qui puisse provoquer le drame. En fait, c'est l' « exploit » de Polyeucte brisant les idoles qui va fournir à la tragédie une donnée nouvelle et unique, par rapport à laquelle va se définir et s'ordonner l'attitude des quatre principaux personnages : l'annonce de l'événement se place au milieu de l'acte III, centre de la tragédie ; mais, jusqu'au dénouement, la voie reste longue. Car à Polyeucte, décidé à mourir martyr de sa foi, s'opposent la volonté de Pauline, résolue à tout prix à le voir vivre, et même celle de Félix, prêt à sauver son gendre pourvu qu'il n'encoure pas les foudres de l'Empereur.

S'il est facile à Polyeucte de tenir tête à Félix, il laisse échapper, au début de l'acte IV, l'aveu de sa faiblesse et de son appréhension :

Ô présence, ô combat que surtout j'appréhende! (vers 1082).

Et ce sont les stances de Polyeucte (acte IV, scène II), cette méditation et cette prière, préparation psychologique et mystique au combat le plus redoutable. Car, pour Polyeucte, un acte n'a pas suffi : jusqu'au bout, la tentation lui sera offerte d'effacer cet acte, voire de le dissimuler provisoirement. Tout son attachement au monde et surtout cette tendresse, naguère proclamée et heureuse, maintenant douloureuse et redoutable, qu'il éprouve pour sa femme, jouent à plusieurs reprises pour dissoudre et rompre sa volonté de sacrifice total à Dieu. Cette grâce, cette joie mystique qui l'animent à la fin des stances ne suffisent pas à le rendre invulnérable : au cours de son entrevue avec Pauline (scène III), il s'appliquera à dissimuler son vrai visage, à empêcher Pauline d'user des armes de la tendresse :

> Madame, quel dessein vous fait me demander ? (vers 1161).

Il exaspère la dispute théologique autant qu'il le peut. Et sa tactique finit par réussir : Pauline, irritée, l'abandonne :

> Va, cruel, va mourir : tu ne m'aimas jamais (vers 1289),

lorsque survient Sévère (scène IV). Et la précaution suprême que Polyeucte a prise contre lui-même va, en un sens, le desservir : car, en entendant Polyeucte, dans les formes les plus civiles, prononcer ce legs extravagant par lequel il cède Pauline à son rival, Pauline comprend enfin ce que la tactique de Polyeucte était parvenue à lui cacher. Elle comprend l'immense amour de Polyeucte, que révèle l'extravagance même du remède imaginé. Habituée elle-même à l'héroïsme des sentiments, elle ne saurait se méprendre, comme Sévère (scène V), qui, spontanément, juge ce comportement avec les yeux du monde et le taxe de folie. Sévère, durement traité par Pauline (vers 1333), aura beau, après le départ de celle-ci, comprendre à son tour cette leçon de grandeur d'âme et se laisser gagner par l'émulation de la générosité (scène VI) : désormais, aucun déchirement secret ne se manifestera plus chez Pauline ; elle a comparé et jugé Sévère et Polyeucte : son admiration et son amour ne vont plus qu'à Polyeucte.

Ainsi, l'acte IV constitue-t-il pour les quatre principaux personnages une décisive épreuve de vérité, qui les fait apparaître selon une hiérarchie très ouverte de la grandeur d'âme : de Félix à Polyeucte, tous les degrés de la volonté héroïque peuvent trouver place. En même temps, se concentrent et s'unifient les deux thèmes de l'amour et de l'élan mystique. La tragédie a atteint son unité symphonique parfaite.

L'acte V, sans perdre en densité pathétique et dramatique, va prolonger et couronner l'acte IV. Pour Félix, rien n'est changé aux données du problème, si ce n'est qu'une décision rapide s'impose. Mais le plus grand péril pour l'héroïsme de Polyeucte n'est pas encore conjuré. Pauline, de nouveau le supplie, et cette fois avec un accent, pour lui, plus déchirant et plus redoutable (scène III) :

> Fais quelque effort sur toi pour te rendre à Pauline (vers 1600).

Polyeucte résiste encore, mais la souffrance morale lui arrache ce cri, qui pourrait définir tout le rôle :

> Faut-il tant de fois vaincre avant que triompher (vers 1654).

Une nouvelle et suprême fois, Polyeucte assume son acte et son martyre : victoire douloureuse, puisque Pauline, obstinément attachée jusqu'au bout aux valeurs de l'amour terrestre, ne saurait accéder au plan mystique où il se trouve. C'est seulement par sa mort que Polyeucte regroupe autour de lui tous les personnages : Pauline le rejoint par sa conversion ; Sévère, qui était intervenu en faveur de Polyeucte par estime personnelle pour lui et pour Pauline, va défendre désormais la cause même de la foi chrétienne, injustement persécutée. Quant à la conversion de Félix, elle peut paraître le plus surprenant des miracles de la grâce, mais elle se justifie sur le plan dramatique et psychologique : dans cette âme pétrie d'égoïsme, tentée de céder aux plus bas calculs de l'intérêt, Corneille a glissé un rayon d'humanité; Félix est sincère quand il affirme :

> J'aime ce malheureux que j'ai choisi pour gendre (vers 1013).

L'attitude de Félix, qui n'a rien d'héroïque, participe donc d'un choix tragique, à un certain degré. Faible de caractère, il craint d'autant plus de perdre son prestige et les avantages qui y sont attachés qu'il a au fond de lui-même conscience de n'avoir pas les qualités morales capables de soutenir son autorité de père et de gouverneur. On ne peut lui refuser d'avoir aussi conscience de ses responsabilités au moment du dénouement. Sans lui, il n'y aurait pas eu de tragédie, car, d'un bout à l'autre, depuis le moment où il ordonne à Pauline de voir Sévère (acte premier, scène IV) jusqu'à l'heure où il envoie Polyeucte au supplice (acte V, scène III), il a été, aux mains du poète, le moteur de l'action et a créé, sans le vouloir, pour les trois autres personnages, les conditions de l'héroïsme. La conversion de Félix lui permet de se hausser au niveau des valeurs morales et spirituelles qu'il avait jusque-là méconnues.

LA SIGNIFICATION DE LA PIÈCE

On verra, d'après l'Abrégé, l'Examen et les jugements du temps, que *Polyeucte* eut à compter avec les objections des dévots et celles des « doctes », qui, d'ailleurs, ne put se confondre comme chez d'Aubignac (voir p. 149). Les dévots jugeaient que le théâtre était indigne de traiter un sujet sacré. Corneille s'efforce de désarmer leurs préventions. Et il le fait en homme qui ne saurait les réfuter qu'avec beaucoup d'habileté et de prudence. Quant aux critiques des « savants », il les considère de plus haut, dans la mesure où il se sent plus assuré à leur égard : concernant les unités, on ne pouvait guère lui adresser de reproches; il le sait et le montre avec un certain luxe de scrupules. A l'encontre de la règle aristotélicienne, qui exclut de la tragédie les héros tout vertueux (voir Examen, p. 142), on s'étonne que Corneille n'ait trouvé à formuler que des répliques théoriques ou historiques. La psychologie même de Polyeucte permet-elle d'admettre qu'il n'y a chez lui « aucun mélange de faiblesse » ? En tout cas, ces objections nous paraissent aujourd'hui dépassées. Et d'ailleurs, selon tous les témoignages, le public même du temps en fit justice à sa manière, puisque la pièce connut « un succès très heureux ».

Ce succès ne se démentit pas d'une époque à l'autre. Mais comme il est légitime pour les chefs-d'œuvre, dont la densité et la complexité l'autorisent, les motifs d'admiration ont varié. Dès l'origine, c'est la tendresse répandue dans cette tragédie qui retint l'attention; plus tard, au XVIII siècle, Voltaire et les philosophes, écartant le fanatisme de Polyeucte, cherchèrent à mettre en lumière le rôle de Sévère, son humanité et son sens de la tolérance.

Pourtant, il n'est pas douteux que toute la tragédie s'organise autour du visage de Polyeucte et de la valeur héroïque qu'il incarne. Quelle est cette valeur ? Celle bien sûr du saint et du martyr qui offre à son Dieu sa vie et tout son bonheur terrestre; mais, d'abord et avant tout, celle d'un homme qui travaille douloureusement à réaliser en lui cette sainteté, ce dépouillement total. C'est à la lutte d'une volonté tendue à l'extrême contre une tentation permanente et constamment renouvelée que nous assistons et participons. Et c'est par là que nous retrouvons le sens vraiment cornélien du personnage. Comme Rodrigue, comme Emilie, comme Auguste, Polyeucte s'emploie à devenir tel qu'il se veut : la réalisation et la preuve éclatante d'une volonté libre. Et, comme nous l'avons vu, à des degrés très divers autour de lui, les autres personnages choisissent aussi et forgent leur destin, du moins le sens et la valeur de leur destin. Tel est l'intérêt essentiellement humain et moral qui nous attache, nous spectateurs, à la tragédie de *Polyeucte*, quelles que soient nos croyances, quel que soit le jugement que nous portons sur le mysticisme et le « fanatisme » de Polyeucte.

Il n'est pas néanmoins sans intérêt de se demander si Corneille, dans sa pièce, n'a pas voulu servir une conception religieuse et théologique particulière. Non que l'orthodoxie et la soumission totale de Corneille à l'Eglise fassent quelque doute. Mais enfin, il est beaucoup question de la grâce dans *Polyeucte*, et la question de la grâce a pu être diversement interprétée, comme on sait, encore au XVII siècle, au sein de l'Eglise même. Sainte-Beuve n'est-il pas allé jusqu'à dire que « Corneille est de Port-Royal par *Polyeucte* » ? A notre propre avis, le jansénisme est tout à fait exclu de *Polyeucte*, d'abord parce qu'il ne suffit pas de poser la nécessité de la grâce pour être janséniste — à ce compte les plus farouches molinistes le seraient eux aussi —; et qu'ensuite et surtout c'est particulièrement sur l'effort douloureux et menacé de la volonté libre qu'insiste Corneille. Oui, la grâce est nécessaire à Polyeucte, et Corneille a tenu à le souligner en lui faisant recevoir le baptême effectif, et non pas seulement, comme chez Surius, le baptême du sang. Mais la grâce même ne saurait se passer de l'effort de la volonté. Les jansénistes, sans doute, ne nieront pas non plus la nécessité de cet effort; mais ils insisteront sur la corruption et l'incapacité de la nature livrée à elle-même : ainsi fera Racine dans *Phèdre*. Corneille, lui, n'a visiblement pas dévié de la conception beaucoup plus optimiste de ses maîtres jésuites. En tout cas, si *Polyeucte* est la tragédie de la grâce, elle est aussi celle de la volonté libre.

L'ESTHÉTIQUE DE « POLYEUCTE »

Une autre question, beaucoup moins agitée, est celle de l'esthétique de *Polyeucte*. On peut légitimement s'étonner qu'elle ne l'ait pas été davantage. Car, enfin, cette tragédie ne se laisse pas enfermer dans les règles de la beauté tragique telles que les théoriciens classiques les définissent. Corneille aurait pu être notre Shakespeare, remarquait Brasillach, et Antoine Adam souligne que, contre le parti des classiques qui prêchaient une esthétique de l'unité, Corneille inclinait à une esthétique de la diversité. Jamais, mieux que dans *Polyeucte*, elle ne s'est réalisée et épanouie. Le personnage de Félix a très tôt attiré l'attention. Et, au nom de l'unité de ton et de la dignité tragique, on s'étonnait de sa bassesse ou on la réprouvait. Sainte-Beuve, enfin, y découvrira « une teinte de comique qui repose ». Mais c'est en bien d'autres endroits, et jusque dans les scènes où figurent Polyeucte et Pauline (acte premier, scène III; acte II, scène IV), que la variété des tons se manifeste. La variété des tons s'accompagne de celle des moyens. Ainsi Corneille, bien loin de reculer devant les effets pathétiques et mélodramatiques, les prépare et les ménage avec soin (voir vers 406 : *mariée;* vers 776 : *il est mort!;* vers 866 : *il en mourra, le traître;* le vers 1097 préparant les vers 1292-1294; enfin les vers 1488-1490). Le vrai, c'est qu'il y a dans *Polyeucte* un mélange très remarquable de sublime et de familier, comme si tout l'univers moral et notre vie quotidienne, d'où s'élèvent les héros véritables, nous étaient présentés en raccourci.

Polyeucte, tragédie de la sainteté, est aussi, de toutes nos tragédies françaises, la plus variée, la plus ample et la plus humaine.

LEXIQUE DU VOCABULAIRE DE « POLYEUCTE »

Parmi les mots clés dont la fréquence révèle un des thèmes fondamentaux de *Polyeucte*, il n'est pas étonnant de voir paraître 53 fois le mot *chrétien*, 42 fois le mot *Dieu* et 30 fois le mot *ciel*. Plus intéressante est la répétition des termes qui sont liés à la grande antithèse *mort-vie*, qui forme le fond du débat tragique.

La **mort** apparaît 40 fois (vers 14, 88, 126, 244, 400, 414, 426, 464, 557, 560, 655, 661, 665, 672, 683, 896, 949, 953, 1064, 1187, 1214, 1230, 1232, 1240, 1287, 1300, 1307, 1312, 1346, 1386, 1490, 1504, 1506, 1552, 1622 (2 fois), 1649, 1679, 1744, 1777); le **trépas**, 11 fois (vers 206, 556, 884, 916, 946, 1019, 1054, 1151, 1341, 1417, 1733); le verbe **mourir**, 32 fois (vers 175, 262, 269, 292, 379, 428, 436, 452, 549, 599, 644, 669, 673, 682, 776, 866, 906, 993, 1100, 1213, 1214, 1245, 1272, 1289, 1310, 1442, 1609, 1660, 1675, 1681, 1724, 1749).

La **vie** apparaît 24 fois (vers 26, 110, 173, 226, 269, 293, 560, 663, 670, 957, 994, 1018, 1137, 1195, 1203, 1211, 1231, 1404, 1512, 1515, 1575, 1603, 1676, 1791). Le verbe **vivre** et l'adjectif **vivant**, 16 fois (vers 596, 664, 671, 673, 776, 882, 1100, 1271, 1290, 1310, 1337, 1519, 1532, 1584, 1604, 1609).

Parmi les autres termes, on a plus particulièrement retenu les mots à acceptions multiples et ceux qui s'appliquent tour à tour aux différents plans moraux de cette tragédie : affectivité générale, amour humain, amour divin. Il s'agit sans doute d'en définir le sens, mais surtout de distinguer les registres qu'ils concernent. **Les mots définis dans ce Lexique sont notés d'un astérisque* dans le texte.** Nous indiquons entre parenthèses le nom du personnage qui prononce le mot cité, en utilisant les abréviations suivantes : A. : Albin — Fab. : Fabian — Fél. : Félix — N. : Néarque — Paul. : Pauline — Pol. : Polyeucte — Sév. : Sévère — Str. : Stratonice.

Ame. 1° Cœur, conscience, esprit, sentiment (sens général) : vers 2 (N.), 233 (Paul.), 246 (Str.), 294 (A.), 354 (Paul.), 393 (Sév.), 463 (Paul.), 614 (Paul.), 678 (Pol.), 753 (Paul.), 772 (Paul.), 777 (Str.), 815 (Paul.), 883 (Fél.), 968 (Paul.), 1005 (Fél.), 1061 (A.), 1221 (Paul.), 1379 (Sév.), 1391 (Sév.), 1403 (Sév.), 1452 (Fél.), 1763 (Fél.);

2° Le cœur qui aime (emploi particulier en parlant du sentiment amoureux ou de l'affection) : vers 10 (Pol.), 102 (Pol.), 218 (Paul.), 345 (Fél.), 375 (Sév.), 413 (Sév.), 429 (Sév.), 497 (Sév.), 516 (Paul.),

534 (Paul.), 870 (Fél.), 1236 (Paul.), 1339 (Sév.), 1347 (Paul.), 1587 (Pol.), 1607 (Paul.);

3° Principe immortel (sens théologique) : vers 27 (N.), 47 (Pol.), 942 (Paul.), 1147 (Pol.).

Ardeur. 1° Zèle : vers 1707 (A.);

2° Flamme amoureuse : vers 483 (Sév.), 798 (Paul.);

3° Zèle pour Dieu : vers 41 (Pol.), 77 (N.), 717 (Pol.), 886 (avec nuance péjorative : *indiscrète ardeur,* fanatisme) [Fél.];

4° Force de la grâce divine : vers 35 (*cette sainte ardeur*) [N.].

Bonheur. 1° Sort heureux, félicité : vers 392 (Sév.), vers 396 (Sév.), 730 (Paul.), 1178 (Paul.), 1368 (Sév.), 1785 (Paul.);

2° Félicité éternelle en Dieu : vers 1193 (Pol.), 1201 (Paul.), 1250 (Paul), 1778 (Fél.).

Charme. 1° Au singulier, attirance magique (en parlant de l'amour) : vers 505 (Paul.);

2° Au pluriel, attraits (sens général) : vers 97 (N.), 1116 (Pol.), 1255 (Paul.);

3° Au pluriel, en mauvaise part, maléfices (idée de magie) : vers 254 (Paul.).

Charmer (charmant). 1° Captiver, ensorceler comme par magie (langage galant) : vers 11 (Pol.), 495 (Sév.), 616 (Paul.), 779 (Str.), 1590 (Pol.);

2° Ensorceler, en mauvaise part : vers 1158 (Pol.), 1200 (Paul.).

Cœur. 1° Ame, conscience, volonté (sens général) : vers 32 (N.), 44 (Pol.), 66 (N.), 463 (Paul.), 604 (Pol.), 726 (Paul.), 887 (Fél.), 1057 (Fél.), 1451 (opposé à *mine*) [Sév.], 1677 (Fél.), 1691 (Fél.), 1694 (Fél.);

2° Courage ou magnanimité : vers 3 (N.), 86 (Pol.), 168 (Paul.), 182 (Paul.), 273 (Paul.), 411 (Sév.), 656 (N.), 960 (A.), 999 (A.), 1293 (Paul.), 1362 (Paul.), 1520 (Pol.);

3° Ce qui, dans l'être, éprouve affection, tendresse ou amour : vers 19 (Pol.), 123 (Pol.), 145 et 146 (Str.), 197 (Paul.), 340 (Paul.), 342 (Paul.), 382 (Sév.), 386 (Sév.), 429 (Sév.), 432 (Sév.), 488 (Sév.), 520 (Paul.), 624 (Pol.), 977 (Fél.), 1004 (Fél.), 1042 (Fél.), 1061 (A.), 1157 (Pol.), 1249 (Paul.), 1309 (Pol.), 1317 (2 fois) [Sév.], 1382 (Sév.), 1597 (Paul.), 1599 (Paul.), 1631 (Paul.), 1637 (Fél.), 1796 (Fél.);

4° Concerne spécialement l'amour qu'on éprouve pour Dieu, l'amour mystique : vers 1141 (Pol.), 1146 (Pol.), 1258 (Pol.), 1276 (Pol.).

Devoir. 1° Ce à quoi on est obligé par la morale : vers 202 (associé à *mon père*) [Paul.], 215 (Paul.), 471 (Paul.), 570 (Sév.), 790 (Paul.), 795 (Paul.), 1509 (Fél.);

2° Le sens du devoir : vers 332 (Fél.), 446 et 447 (Sév.), 513 (Paul.), 521 (Paul.), 526 (Sév.), 538 (Paul.), 539 (Paul.), 621 (Pol.), 1406 (Sév.).

Flamme. 1° Sentiment amoureux : vers 213 (Paul.), 498 (Paul.), 630 (Paul.), 1644 (Fél.);

2° Amour pour Dieu : vers 1142 (Pol.);

3° Intensité de la grâce : vers 40 (N.).

Foi. 1° Engagement amoureux, foi jurée : vers 343 (Paul.), 1309 (Pol.), 1593 (Paul.), 1610 (Pol.);

2° Croyance en Dieu : vers 652 (Pol.), 668 (Pol.), 669 (Pol.), 679 (Pol.), 787 (Paul.), 1525 (Fél.), 1532 (Fél.), 1551 (Fél.).

Généreux. 1° Qui a des sentiments nobles; magnanime : vers 294 (A.), 327 (Paul.), 409 (Fab.), 512 (Paul.), 585 (Str.), 755 (Paul.), 767 (Paul.), 1034 (Fél.), 1293 (Paul.), 1349 (Paul.), 1380 (Sév.), 1449 (A.), 1457 (Fél.);

2° Noble (appliqué à une pensée, à un acte) : vers 512 (Paul.), 1011 (Fél.), 1163 (Pol.), 1385 (Sév.).

Générosité. L'ensemble des qualités qui constituent la noblesse du cœur, la magnanimité : vers 635 (Pol.), 1378 (Sév.).

Gloire. 1° Gloire humaine, illustration sociale : vers 225 (Paul.), 309 (A.), 509 (associée à la *puissance*) [Paul.], 947 (Paul.), 1207 (Pol.), 1591 (Pol.), 1704 (Fél.);

2° Éclat moral conféré par la vertu, par l'accomplissement du devoir : vers 540 (Paul.), 550 (Paul.), 551 (Sév.), 553 (Sév.), 1060 (Fél.), 1344 (Paul.), 1356 (Sév.), 1391 (Sév.), 1406 (Sév.), 1446 (Sév.);

3° Béatitude céleste : vers 1090 (Pol.), 1263 (associée à la *lumière*) [Pol.], 1522 (Pol.), 1679 (Pol.);

4° Gloire de Dieu : vers 76 (N.), 688 (Pol.), 719 (N.), 1016 (*la gloire des dieux*) [Fél.].

Grâce. 1° Pardon, remise de peine : vers 907 (Fél.), 1077 (A.), 1172 (Paul.), 1456 (Fél.), 1479 (A.);

2° Au pluriel, attraits, charmes : vers 1160 (Pol.);

3° Secours accordé par Dieu (sens théologique) : vers 29 (N.), 681 (Pol.), 694 (N.), 697 (N.), 1556 (Pol.), 1742 (Paul.).

Honneur. 1° Sentiment de la dignité morale et de ce à quoi elle oblige : vers 110 (Paul.), 165 (Paul.), 1407 (Sév.);

2° Marque, démonstration d'estime : vers 389 (Fab.), 606 *(rendre un honneur)* [Pol.];

3° Distinction, haut rang social : vers 391 (Fab.);

4° Au pluriel, distinctions, dignités mondaines : vers 72 (N.), 286 (A.), 1109 (Pol.).

Mérite. Valeur humaine : vers 185 (Paul.), 468 (Paul.), 506 (Paul.), 615 (Paul.), 1269 (Pol.), 1295 (Pol.), 1589 (Pol.).

Monde. La société humaine, le siècle, par opposition à Dieu (sens théologique) : vers 66 (N.), 1107 (Pol.), 1140 (Pol.), 1288 (Pol.), 1290 (Pol.).

Raison. Conscience claire et logique par opposition au cœur et aux sens : vers 13 (opposée à *douleur*) [Pol.], 166 (opposée à *surprises des sens*) [Paul.], 195 (opposée à *yeux*) [Pol.], 477 (opposée à *passions*) [Paul.], 491 (opposée à *amour*) [Sév.], 500 (opposée à *sentiments*) [Sév.], 506 (opposée à *votre mérite*) [Paul.], 603 (opposée à *trahison*) [Pol.], 741 (opposée à *envie* et *ombrage*) [Paul.], 1518 (opposée à l' « attachement à la vie ») [Pol.] 1554 (opposée à la « grâce divine ») [Pol.].

Soupir, soupirs. 1° Gémissements d'amour, ou supplications amoureuses : vers 22 (Pol.), 39 (N.), 118 (Paul.), 171 (Paul.), 201 (Paul.), 244 (au singulier) [Sév.], 478 (Paul.), 479 (Sév.), 489 (au singulier) [Sév.], 535 (Paul.), 1246 (Paul.), 1606 (Paul.);

2° Le *dernier soupir*, la mort (avec jeu sur le sens précédent) : vers 430 (Sév.).

Soupirer. 1° Emploi absolu, *nous soupirions ensemble*, 199; regretter un amour impossible : vers 199 (Paul.), 436 (Sév.), 452 (Sév.), 476 (Paul.);

2° « Soupirer après quelque chose » : le désirer avec passion, avec envie : vers 1115 (appliqué aux biens du monde) [Pol.];

3° Eprouver de la compassion : vers 386 (Sév.), 1796 (Sév.).

Valeur. 1° Qualités guerrières : vers 296 (A.), 473 (Paul.);

2° Crédit qu'on tire de ses mérites : vers 633 (Paul.);

3° Qualités morales, en général : vers 568 (Paul.).

24 — *LEXIQUE*

Vertu. 1° Valeur **guerrière** : vers 285 (A.), 306 (A.);

2° Force morale, Valeur morale (emploi absolu) : vers 192 (Paul.), 330 (Fél.), 412 (Sév.), 591 (Paul.), 612 (Paul.), 621 (Pol.), 1301 (Pol.), 1722 (Paul.);

3° Au pluriel, mérites, qualités morales : vers 466 (Paul.) 1268 (Pol.), 1436 (opposé à *vices*) [Sév.], 1794 (Sév.);

4° Domination de la force morale sur le sentiment amoureux et les passions qui s'y rattachent : vers 167 (sur les *surprises des sens*) [Paul.], 348 (Paul.), 353 (Fél.), 487 (Sév.), 517 (sur les *désirs*) [Paul.], 529 (Sév.), 533 (Sév.), 619 (sur les *feux*) [Paul.], 734 (sur la *jalousie*) [Paul.], 751 (sur la *rivalité amoureuse*) [Paul.], 1358 (Paul.), 1602 (sur le *sentiment*) [Paul.].

Vertueux. Dont la vertu, la valeur morale est grande : vers 188 (Paul.), 539 (Paul.), 571 (Sév.).

Zèle. 1° Dévouement passionné : vers 1495 (Fél.);

2° Ferveur religieuse : vers 653 (N.), 720 (N.), 1157 (Pol.), 1551 (Fél.), 1568 (Pol.), 1760 (Sév.), 1772 (Fél.).

ÉPÎTRE

A LA REINE RÉGENTE[1]

MADAME

Quelque connoissance que j'aye de ma foiblesse, quelque profond respect[2] qu'imprime VOTRE MAJESTÉ dans les âmes de ceux qui l'approchent, j'avoue que je me jette à ses pieds sans timidité et sans défiance, et que je me tiens assuré de lui plaire parce que je suis assuré de lui parler de ce qu'elle aime le mieux[3]. Ce n'est qu'une pièce de théâtre que je lui présente, mais qui l'entretiendra de Dieu : la dignité de la matière est si haute, que l'impuissance de l'artisan ne la peut ravaler; et votre âme se plaît trop à cette sorte d'entretien pour s'offenser des défauts d'un ouvrage où elle rencontrera les délices de son cœur. C'est par là, MADAME, que j'espère obtenir de VOTRE MAJESTÉ le pardon du long temps que j'ai attendu à lui rendre cette sorte d'hommages[4]. Toutes les fois que j'ai mis sur notre scène des vertus morales ou politiques, j'en ai toujours cru les tableaux trop peu dignes de paroître devant Elle, quand j'ai considéré qu'avec quelque soin que je les pusse choisir dans l'histoire, et quelques ornements dont l'artifice les pût enrichir, elle en voyoit de plus grands exemples dans elle-même. Pour rendre les choses proportionnées, il falloit aller à la plus haute espèce, et n'entreprendre pas de rien offrir de cette nature à une reine très chrétienne, et qui l'est beaucoup plus encore par ses actions que par son titre[5], à moins que de lui offrir un portrait des vertus chrétiennes dont l'amour et la gloire de Dieu formassent les plus beaux traits, et qui rendît les plaisirs qu'elle y pourra prendre aussi propres à exercer sa piété qu'à délasser son esprit. C'est à cette extraordinaire et admirable piété, MADAME, que la France est redevable des bénédictions qu'elle voit tomber sur les premières armes de son roi; les heureux succès qu'elles ont obtenus en sont les rétributions éclatantes, et des coups du ciel, qui répand abondamment sur tout le royaume les récompenses et les grâces que VOTRE MAJESTÉ a méritées. Notre perte sembloit infaillible après celle de notre grand monarque; toute l'Europe avoit déjà pitié de nous, et s'imaginoit que nous nous allions précipiter dans un extrême désordre, parce qu'elle nous voyoit dans une extrême désolation : cependant la prudence et les soins de VOTRE MAJESTÉ, les bons conseils qu'elle a pris, les grands

---

1. Anne d'Autriche, régente depuis le 18 mai 1643 (quatre jours après la mort du roi Louis XIII). — Cette dédicace figure en tête de l'édition originale de *Polyeucte* dont l'achevé d'imprimer est du 20 octobre 1643; 2. *Var.* : « et quelque respect » (éditions de 1648-1656 et 1664); 3. Anne d'Autriche, qui avait une grande réputation de piété, inspirait le parti dévot; 4. *Var.* : « hommage » (au singulier) [1648-1655]; 5. Les rois de France portaient le titre de « rois Très Chrétiens ».

courages qu'elle a choisis pour les exécuter, ont agi si puissamment dans tous les besoins de l'État que cette première année de sa régence a non seulement égalé les plus glorieuses de l'autre règne, mais a même effacé, par la prise de Thionville[1], le souvenir du malheur qui, devant ses murs, avoit interrompu une si longue suite de victoires[2]. Permettez que je me laisse emporter au ravissement que me donne cette pensée, et que je m'écrie dans ce transport :

> Que vos soins, grande Reine, enfantent de miracles!
> Bruxelles et Madrid en sont tous[3] interdits;
> Et si notre Apollon me les avoit prédits,
> J'aurois moi-même osé douter de ses oracles.
>
> Sous vos commandements, on force tous obstacles;
> On porte l'épouvante aux cœurs les plus hardis,
> Et par des coups d'essai vos États agrandis
> Des drapeaux ennemis font d'illustres spectacles.
>
> La Victoire elle-même accourant à mon roi,
> Et mettant à ses pieds Thionville et Rocroi[4],
> Fait retentir ces vers sur les bords de la Seine :
>
> « France, attends tout d'un règne ouvert en triomphant,
> Puisque tu vois déjà les ordres de ta reine
> Faire un foudre[5] en tes mains des armes d'un enfant[6]. »

Il ne faut point douter que des commencements si merveilleux ne soient soutenus par des progrès encore plus étonnants. Dieu ne laisse point ses ouvrages imparfaits : il les achèvera, MADAME, et rendra non seulement la régence de VOTRE MAJESTÉ, mais encore toute sa vie, un enchaînement continuel de prospérités. Ce sont les vœux de toute la France, et ce sont ceux que fait avec plus[7] de zèle,

MADAME,

DE VOTRE MAJESTÉ

Le très humble, très obéissant et
très fidèle serviteur et sujet,

CORNEILLE.

---

1. Le 18 août 1643, par Condé, qui n'était encore que le duc d'Enghien et n'était âgé que de vingt-deux ans; 2. En 1639, le marquis de Feuquières y avait été vaincu et fait prisonnier par les Impériaux; 3. La syntaxe moderne exigerait *tout* (adverbe); 4. La foudroyante victoire de Rocroi, remportée par Condé le 19 mai 1643, cinq jours avant l'avènement de Louis XIV; 5. *Foudre*, chez Corneille, est le plus souvent masculin; 6. Louis XIV, à son avènement, n'avait pas encore cinq ans; 7. Le plus.

QUESTIONS

— Corneille n'avait-il pas à l'égard d'Anne d'Autriche un motif particulier d'attachement et de reconnaissance? Comment Anne d'Autriche avait-elle encouragé et récompensé le poète du *Cid*?

— D'après les termes de cette épître, définissez la figure morale et civique de Corneille.

ABRÉGÉ DU MARTYRE DE SAINT POLYEUCTE
écrit par Siméon Métaphraste[1] et rapporté par Surius[2].

L'ingénieuse tissure[3] des fictions avec la vérité, où[4] consiste le plus beau secret de la poésie, produit d'ordinaire deux sortes d'effets, selon la diversité des esprits qui la voient. Les uns se laissent si bien persuader à cet enchaînement qu'aussitôt qu'ils ont remarqué
5 quelques événements véritables, ils s'imaginent la même chose des motifs qui les font naître et des circonstances qui les accompagnent; les autres, mieux avertis de notre artifice, soupçonnent de fausseté tout ce qui n'est pas de leur connaissance; si bien que, quand nous traitons quelque histoire écartée[5] dont ils ne trouvent rien dans leur
10 souvenir, ils l'attribuent tout entière à l'effort de notre imagination et la prennent pour une aventure de roman.

L'un et l'autre de ces effets serait dangereux en cette rencontre; il y va de la gloire de Dieu, qui se plaît dans celle de ses saints, dont la mort si précieuse devant ses yeux ne doit pas passer pour fabu-
15 leuse devant ceux des hommes. Au lieu de sanctifier notre théâtre par sa représentation, nous y profanerions la sainteté de leurs souffrances si nous permettions que la crédulité des uns et la défiance des autres, également abusées par ce mélange, se méprissent également en la vénération qui leur est due, et que les premiers la rendissent
20 mal à propos à ceux qui ne la méritent pas, cependant que les autres la dénieraient à ceux à qui elle appartient (1).

Saint Polyeucte est un martyr dont, s'il m'est permis de parler ainsi, beaucoup ont plutôt appris le nom à la comédie qu'à l'église. Le *Martyrologe romain* en fait mention sur le 13e de février, mais en
25 deux mots, suivant sa coutume; Baronius[6], dans ses *Annales*, n'en dit qu'une ligne; le seul Surius, ou plutôt Mosander[7], qui l'a aug-

---

1. Siméon Métaphraste (ainsi nommé parce qu'il a paraphrasé les vies des saints), hagiographe, né à Constantinople au Xe siècle; 2. Laurent *Surius*, né à Lubeck en 1522, publia en 1570 des *Vitae sanctorum*; 3. *Tissure* : liaison, texture; 4. *Où* : en laquelle; 5. *Écartée* : peu connue; 6. *Baronius* : cardinal (XVIe siècle); 7. *Mosander*, écrivain allemand de la fin du XVIe siècle, édita et compléta Surius.

QUESTIONS

1. Pourquoi Corneille met-il tant de soin à établir qu'il n'a pas écrit, avec *Polyeucte*, une « aventure de roman » (voir, page 149, l'anecdote rapportée par Fontenelle)? — Quelle était l'attitude de l'Église à l'égard du théâtre, au XVIIe siècle? En quoi risquait-on d'être choqué par le sujet que Corneille portait à la scène?

menté dans les dernières impressions, en rapporte la mort assez au long sur le neuvième de janvier : et j'ai cru qu'il était de mon devoir d'en mettre ici l'abrégé. Comme il a été à propos d'en rendre la représentation agréable, afin que le plaisir pût insinuer plus doucement l'utilité et lui servir comme de véhicule pour la porter dans l'âme du peuple, il est juste aussi de lui donner cette lumière pour démêler la vérité d'avec ses ornements, et lui faire reconnaître ce qui lui doit imprimer du respect comme saint, et ce qui le doit seulement divertir comme industrieux[1]. Voici donc ce que ce dernier nous apprend.

Polyeucte et Néarque étaient deux cavaliers[2] étroitement liés ensemble d'amitié; ils vivaient en l'an 250, sous l'empire de Décius; leur demeure était dans Mélitène, capitale d'Arménie; leur religion différente : Néarque étant chrétien, et Polyeucte suivant encore la secte des gentils[3], mais ayant toutes les qualités dignes d'un chrétien et une grande inclination à le devenir. L'empereur ayant fait publier un édit très rigoureux contre les chrétiens, cette publication donna un grand trouble à Néarque, non pour la crainte des supplices dont il était menacé, mais pour l'appréhension qu'il eut que leur amitié ne souffrît quelque séparation ou refroidissement par cet édit, vu les peines qui y étaient proposées à ceux de sa religion et les honneurs promis à ceux du parti contraire; il en conçut un si profond déplaisir[4] que son ami s'en aperçut, et, l'ayant obligé de lui en dire la cause, il prit de là occasion de lui ouvrir son cœur : « Ne craignez point, lui dit-il, que l'édit de l'empereur nous désunisse; j'ai vu cette nuit le Christ que vous adorez : il m'a dépouillé d'une robe sale pour me revêtir d'une autre toute lumineuse et m'a fait monter sur un cheval ailé pour le suivre; cette vision m'a résolu entièrement à faire ce qu'il y a longtemps que je médite; le seul nom de chrétien me manque; et vous-même, toutes les fois que vous m'avez parlé de votre grand Messie, vous avez pu remarquer que je vous ai toujours écouté avec respect; et, quand vous m'avez lu sa vie et ses enseignements, j'ai toujours admiré la sainteté de ses actions et de ses discours. O Néarque! si je ne me croyais pas indigne d'aller à lui sans être initié de ses mystères et avoir reçu la grâce de ses sacrements, que vous verriez éclater l'ardeur que j'ai de mourir pour sa gloire et le soutien de ses éternelles vérités! » Néarque l'ayant éclairci du scrupule où il était par l'exemple du bon larron, qui en un moment mérita le ciel, bien qu'il n'eût pas reçu le baptême, aussitôt notre martyr, plein d'une sainte ferveur, prend l'édit de l'empereur, crache dessus et le déchire en morceaux qu'il jette au vent; et, voyant des idoles que le peuple portait sur les autels pour les adorer, il les arrache à ceux qui les portaient,

---

1. *Industrieux* : inventé par l'artiste; 2. *Cavalier* : gentilhomme; 3. *Gentils* : païens (par opposition aux chrétiens); 4. *Déplaisir* : douleur.

ABRÉGÉ DU MARTYRE DE SAINT POLYEUCTE — 29

les brise contre terre et les foule aux pieds, étonnant[1] tout le monde et son ami par la chaleur de ce zèle, qu'il n'avait pas espéré.

Son beau-père Félix, qui avait la commission[2] de l'empereur pour persécuter les chrétiens, ayant vu lui-même ce qu'avait fait son gendre, saisi de douleur de voir l'espoir et l'appui de sa famille perdus, tâche d'ébranler sa constance, premièrement par de belles paroles, ensuite par des menaces, enfin par des coups qu'il lui fait donner par ses bourreaux sur tout le visage; mais, n'en ayant pu venir à bout, pour dernier effort il lui envoie sa fille Pauline, afin de voir si ses larmes n'auraient point plus de pouvoir sur l'esprit d'un mari que n'avaient eu ses artifices et ses rigueurs. Il n'avance rien davantage par là; au contraire, voyant que sa fermeté convertissait beaucoup de païens, il le condamne à perdre la tête. Cet arrêt fut exécuté sur l'heure, et le saint martyr, sans autre baptême que son sang, s'en alla prendre possession de la gloire que Dieu a promise à ceux qui renonceraient à eux-mêmes pour l'amour de lui.

Voilà en peu de mots ce qu'en dit Surius : le songe de Pauline, l'amour de Sévère, le baptême effectif de Polyeucte, le sacrifice pour la victoire de l'empereur, la dignité de Félix que je fais gouverneur d'Arménie, la mort de Néarque, la conversion de Félix et de Pauline, sont des inventions et des embellissements de théâtre. La seule victoire de l'empereur contre les Perses[3] a quelque fondement dans l'histoire; et, sans chercher d'autres auteurs, elle est rapportée par M. Coeffeteau[4] dans son *Histoire romaine;* mais il ne dit pas, ni qu'il leur imposa tribut, ni qu'il envoya faire des sacrifices de remerciement en Arménie (2).

Si j'ai ajouté ces incidents et ces particularités selon l'art ou non, les savants[5] en jugeront; mon but ici n'est pas de les justifier, mais seulement d'avertir le lecteur de ce qu'il en peut croire.

---

1. *Etonner :* frapper de stupeur; 2. *La commission :* la délégation de pouvoirs; 3. Voir vers 281 et suivants; 4. *Coëffeteau,* évêque de Marseille (1574-1623), publia en 1621 une *Histoire romaine* fort estimée à l'époque; 5. Les « doctes », ceux qui jugent de l'art selon les règles.

QUESTIONS

2. Corneille, dans la liste qu'il dresse de ses « inventions », n'en oublie-t-il pas une? Combien de temps y a-t-il que Polyeucte et Pauline sont mariés? — D'autre part, quels sont les éléments que Corneille a supprimés? L'un de ces trois éléments ne peut-il pas lui avoir donné l'idée du « songe » de Pauline? — En reprenant chacune des modifications, essayez d'imaginer les raisons dramatiques qui ont guidé Corneille.

Phot. Lipnitzki.

MISES EN SCÈNE MODERNES DE *POLYEUCTE*

En haut : à la Comédie-Française (1960).
En bas : au théâtre de l'Alliance française (1962).

Mlle VESTRIS (1743-1804) DANS LE RÔLE DE PAULINE
d'après *les Costumes des grands théâtres de Paris*,
par Levacher de Charmois (1786).

PERSONNAGES

FÉLIX	sénateur romain, gouverneur d'Arménie.
POLYEUCTE	seigneur arménien, gendre de Félix.
SÉVÈRE	chevalier romain, favori de l'empereur Décie.
NÉARQUE	seigneur arménien, ami de Polyeucte.
PAULINE	fille de Félix et femme de Polyeucte.
STRATONICE	confidente de Pauline.
ALBIN	confident de Félix.
FABIAN	domestique de Sévère.
CLÉON	domestique de Félix.
TROIS GARDES.	

LA SCÈNE EST A MÉLITÈNE[1], CAPITALE D'ARMÉNIE,
DANS LE PALAIS DE FÉLIX

---

1. Sur l'Euphrate, qui était la ligne stratégique de l'Empire romain en Orient. Toute la pièce se passe « dans une salle ou antichambre commune aux appartements de Félix et de sa fille ». (Sur l'unité de lieu, voir l'Examen, page 144.)

POLYEUCTE

ACTE PREMIER

Scène première. — POLYEUCTE, NÉARQUE.

NÉARQUE

Quoi? vous vous arrêtez aux songes d'une femme!
De si faibles sujets troublent cette¹ grande âme*!
Et ce cœur* tant de fois dans la guerre éprouvé
S'alarme d'un péril qu'une femme a rêvé²!

POLYEUCTE

5 Je sais ce qu'est un songe, et le peu de croyance
Qu'un homme doit donner à son extravagance,
Qui d'un amas confus des vapeurs³ de la nuit
Forme de vains objets que le réveil détruit;
Mais vous ne savez pas ce que c'est qu'une femme :
10 Vous ignorez quels droits elle a sur toute l'âme⁴*,
Quand, après un long temps qu'elle a su nous charmer⁵*,
Les flambeaux de l'hymen viennent de s'allumer⁶.
Pauline, sans raison* dans la douleur plongée,
Craint et croit déjà voir ma mort qu'elle a songée⁷;
15 Elle oppose ses pleurs au dessein que je fais,
Et tâche à m'empêcher de sortir du palais.
Je méprise sa crainte, et je cède à ses larmes;
Elle me fait pitié sans me donner d'alarmes;
Et mon cœur*, attendri sans être intimidé,
20 N'ose déplaire aux yeux dont il est possédé.
L'occasion, Néarque, est-elle si pressante
Qu'il faille être insensible aux soupirs* d'une amante⁸?
Par un peu de remise⁹ épargnons son ennui¹⁰,

---

1. *Cette* : valeur à la fois possessive (*votre*) et emphatique; 2. *Rêver* : voir en rêve; 3. *Vapeurs* : humeurs subtiles émises par les organes et qui, selon l'ancienne physiologie, causaient les hallucinations, les songes; 4. Var. : « Ni le juste pouvoir qu'elle prend sur une âme » (1643-1656); 5. *Charmer* : soumettre à un pouvoir où il entre de la magie; 6. Polyeucte et Pauline ne sont mariés que depuis quinze jours (voir vers 416); 7. *Songer* : voir en songe; 8. *Amante* : femme qui est aimée et que l'on aime; 9. *Remise* : délai, retardement; 10. *Ennui* : tourment.

Pour faire en plein repos ce qu'il[1] trouble aujourd'hui[2].

NÉARQUE

25 Avez-vous cependant une pleine assurance
D'avoir assez de vie ou de persévérance?
Et Dieu, qui tient votre âme* et vos jours dans sa main,
Promet-il à vos vœux de le[3] pouvoir demain?
Il est toujours tout juste et tout bon; mais sa grâce*
30 Ne descend pas toujours avec même efficace[4];
Après certains moments que perdent nos longueurs[5],
Elle quitte ces traits qui pénètrent les cœurs* :
Le nôtre s'endurcit, la repousse, l'égare[6] :
Le bras qui la versait en devient plus avare,
35 Et cette sainte ardeur* qui doit porter au bien[7]
Tombe plus rarement, ou n'opère plus rien.
Celle qui vous pressait de courir au baptême,
Languissante déjà, cesse d'être la même,
Et pour quelques soupirs* qu'on vous a fait ouïr,
40 Sa flamme* se dissipe et va s'évanouir.

POLYEUCTE

Vous me connaissez mal : la même ardeur* me brûle,

---

1. *Il* : son ennui; 2. *Var.* (vers 22-25) :

« Pour ne rien déférer aux soupirs d'une amante?
Remettons ce dessein qui l'accable d'ennui
Nous le pourrons demain aussi bien qu'aujourd'hui.

NÉARQUE
Oui, mais où prenez-vous l'infaillible assurance »

3. *Le* : ce que vous souhaitez de faire. Corneille fait souvent montre de maladresse et d'obscurité dans l'emploi des pronoms personnels. Ce vers 28 est le résultat d'une correction. L'édition de 1643 portait :

« Vous a-t-il assuré du pouvoir de demain? »

4. *Efficace* : efficacité. On parlait de l'*efficace* d'un remède, d'un discours, de la grâce. En 1676, le P. Bouhours considérait qu'*efficacité* « n'est point français »;
5. *Longueurs* : lenteurs, retards; 6. La détourne de son but; 7. Cette périphrase désigne et définit la grâce divine.

——— QUESTIONS ———

● VERS 1-24. Pourquoi Néarque se montre-t-il si brutal? Est-il misogyne ou est-ce une marque de son ardeur à entraîner son ami vers le baptême? Quel premier portrait de Polyeucte contiennent les vers 1-4?
— Analysez, chez Polyeucte, l'amour courtois (ou précieux) : idéal et expression. Quelle explication apportent les vers 11-12 à l'attitude hésitante de Polyeucte? — Montrez que la dispute s'engage et tourne autour d'un mot-pivot *(une femme)*. Quel mot est mis en relief au vers 22? — Montrez qu'en remaniant les vers 22-25, Corneille a obéi à un souci de clarté logique et grammaticale; sa réussite est-elle complète?

ACTE PREMIER. Scène première — 35

Et le désir s'accroît quand l'effet se recule[1] :
Ces pleurs, que je regarde avec un œil d'époux,
Me laissent dans le cœur* aussi chrétien que vous;
45 Mais pour en[2] recevoir le sacré caractère[3],
Qui lave nos forfaits dans une eau salutaire,
Et qui, purgeant[4] notre âme* et dessillant nos yeux,
Nous rend le premier droit que nous avions aux cieux[5],
Bien que je le[6] préfère aux grandeurs d'un empire,
50 Comme le bien suprême et le seul où j'aspire,
Je crois, pour satisfaire un juste et saint amour,
Pouvoir un peu remettre et différer d'un jour.

NÉARQUE

Ainsi du genre humain l'ennemi[7] vous abuse :
Ce qu'il ne peut de force, il l'entreprend de ruse.
55 Jaloux des bons desseins qu'il tâche d'ébranler,
Quand il ne les peut rompre, il pousse à reculer;
D'obstacle sur obstacle, il va troubler le vôtre[8],
Aujourd'hui par des pleurs, chaque jour par quelque
 [autre[9];
Et ce songe rempli de noires visions
60 N'est que le coup d'essai de ses illusions[10] :

---

1. Malherbe, avec moins de concision, mais plus de bonheur peut-être, avait exprimé la même idée :

« A des cœurs bien touchés tarder la jouissance
C'est infailliblement leur croître le désir »

(*Stances sur le mariage du roi*, 1615);

2. *En* : de chrétien; 3. *Caractère* : marque, signe distinctif; 4. *Purger* : purifier; 5. Toute la périphrase des vers 45-48 désigne évidemment le baptême; 6. Le sacré caractère qui...; 7. L'ennemi du genre humain, le démon; 8. Votre dessein de vous faire baptiser; 9. Quelque autre obstacle; 10. La première tentative qu'il fait pour vous abuser, pour vous tromper (*illusion* a ici le sens actif de « tromperie », et non le sens passif et actuel d' « état de celui qui est trompé »).

━━━━━ ● QUESTIONS ━━━━━

● Vers 25-40. Montrez, par quelques exemples précis, que Néarque oppose à la langue galante de Polyeucte le vocabulaire théologique et l'application, un peu lourde, du prédicateur. — La doctrine de la grâce. Deux points sont nettement affirmés : 1° Dieu ne refuse jamais sa grâce aux hommes; 2° ce sont les hommes qui, par endurcissement de cœur ou par manque de zèle, portent la responsabilité de l'inefficacité de la grâce. Vérifiez ces deux points dans le texte. Cette doctrine s'inspire-t-elle du molinisme ou du jansénisme?

● Vers 41-52. Valeur du *Mais* du vers 45 : que marque-t-il du point de vue logique et du point de vue psychologique? Comparez-le à celui du vers 9. — La périphrase des vers 45-48 est-elle gratuite? Que veut prouver Polyeucte à son ami Néarque? Quel doute s'emploie-t-il à dissiper chez lui?

36 — *POLYEUCTE*

Il met tout en usage, et prière et menace ;
Il attaque toujours et jamais ne se lasse ;
Il croit pouvoir enfin ce qu'encore il n'a pu,
Et que[1] ce qu'on diffère est à demi rompu.
65 Rompez[2] ses premiers coups ; laissez pleurer Pauline.
Dieu ne veut point d'un cœur* où le monde* domine[3],
Qui regarde en arrière et, douteux[4] en son choix,
Lorsque sa voix l'appelle, écoute une autre voix.

POLYEUCTE

Pour se donner à lui faut-il n'aimer personne ?

NÉARQUE

70 Nous pouvons[5] tout aimer : il le souffre, il l'ordonne ;
Mais à vous dire tout, ce seigneur des seigneurs[6]
Veut le premier amour et les premiers honneurs*.
Comme rien n'est égal à sa grandeur suprême,
Il ne faut rien aimer qu'après lui, qu'en lui-même,
75 Négliger, pour lui plaire, et femme, et biens, et rang,
Exposer pour sa gloire* et verser tout son sang.
Mais que vous êtes loin de cette ardeur* parfaite,
Qui vous est nécessaire, et que je vous souhaite !
Je ne puis vous parler que les larmes aux yeux.
80 Polyeucte, aujourd'hui qu'on nous hait en tous lieux,
Qu'on croit servir l'État quand on nous persécute,
Qu'aux plus âpres tourments[7] un chrétien est en butte,
Comment en pourrez-vous surmonter les douleurs,
Si vous ne pouvez pas résister à des pleurs ?

---

1. Double construction avec *Il croit* : *a)* avec un infinitif : il croit *pouvoir* ; *b)* avec une conjonctive : il croit *que*. Le sens varie selon la construction : *a)* « il s'imagine » ; *b)* « il considère » ; 2. *Rompu, rompez.* Enchaînement où il n'y a nulle négligence ; effet souligné par l'opposition du passif à l'actif, de l'inertie à l'initiative. *Rompre* un dessein (voir vers 56), un coup, c'est l'arrêter, l'empêcher, le prévenir (terme de jeu : jeu de dé, jeu de paume, etc.) ; 3. Néarque paraphrase ici saint Matthieu, VI, 24, à l'appui de son exhortation : « Nul ne peut servir deux maîtres » (Sermon sur la Montagne) ; 4. *Douteux* : hésitant ; 5. Nous avons le droit de ; 6. *Var.* : « Mais ce grand roi des rois, ce seigneur des seigneurs » (1643-1656). Les deux expressions sont d'origine biblique ; 7. *Tourments* : tortures, supplices.

QUESTIONS

● VERS 53-69. A quoi se marque le durcissement de Néarque ? Comparez la façon dont il interprète le songe de Pauline ici et au début de la scène (vers 1-4). — Sécheresse de l'objection de Polyeucte (vers 69) : montrez qu'elle résume et qu'elle définit la position actuelle de Polyeucte à l'égard du christianisme qu'il veut embrasser. En quoi révèle-t-elle bien l'imperméabilité de Polyeucte aux exhortations qu'on lui adresse ?

POLYEUCTE

85 Vous ne m'étonnez[1] point : la pitié qui me blesse[2]
Sied bien aux plus grands cœurs* et n'a point de faiblesse[3].
Sur mes pareils, Néarque, un bel œil est bien fort :
Tel craint de le fâcher qui ne craint pas la mort;
Et s'il faut affronter les plus cruels supplices,
90 Y trouver des appas, en faire mes délices,
Votre Dieu, que je n'ose encor nommer le mien,
M'en donnera la force en me faisant chrétien.

NÉARQUE

Hâtez-vous donc de l'être.

POLYEUCTE

Oui, j'y cours, cher Néarque;

---

1. *Etonner* : causer de l'épouvante, bouleverser; 2. Que je ressens profondément; 3. *Var.* : « Est grandeur de courage aussitôt que faiblesse » (1643). « Digne des plus grands cœurs, n'est rien moins que faiblesse » (1648). Le texte que nous suivons est adopté par Corneille à partir de 1660.

━━━━━━━ **QUESTIONS** ━━━━━━━

● VERS 70-84. Montrez la clarté et le souci d'exactitude de Néarque dans son exposé. La netteté nuancée des vers 71-76 : la hiérarchie des amours. Quelle correction apporte le vers 74? Qu'est-ce donc que cet amour *en Dieu?* N'y a-t-il pas là une solution doctrinale au problème de Polyeucte? Celui-ci, plus tard, ne l'adoptera-t-il pas? Pourquoi ne peut-il le faire dès maintenant? — La variante *amour-ardeur* (vers 77) : Corneille avait d'abord écrit *amour* (éd. de 1643), puis il l'a remplacé par *ardeur*. Trouvez une raison de cette correction en rapprochant les vers 77 et 72. (Il y en a une autre : Vaugelas conseille d'employer toujours *amour* au masculin quand il s'agit de l'amour divin.) Pourtant, en 1668, Corneille est revenu au texte initial : pourquoi? — Les deux *Mais* des vers 71 et 77 ont-ils la même valeur? — Remarquez la coupe particulière du vers 80. Quel est l'effet obtenu? — Montrez que l'adjuration de Néarque se place successivement sur deux plans : l'un doctrinal; l'autre pathétique. Où se situe exactement le passage de l'un à l'autre? — Quel renseignement important pour l'exposition est apporté par les vers 80-82?

● VERS 85-92. La vivacité de la réplique de Polyeucte : quelle accusation, impliquée dans la deuxième partie de l'adjuration de Néarque, l'a piqué au vif? — Montrez que Polyeucte revendique ici, avec éclat et fougue, l'idéal du parfait amant. Est-ce surprenant chez l'auteur du *Cid?* La préciosité est-elle passée de mode? — Sur quel argument Polyeucte termine-t-il? En quoi peut-on dire que c'est un argument de finesse? En fait, cette habileté ne masque-t-elle pas l'ambiguïté de la position de Polyeucte? — Appréciez les variantes successives du vers 86.

38 — *POLYEUCTE*

Je brûle d'en porter la glorieuse marque[1].
95 Mais Pauline s'afflige et ne peut consentir,
Tant ce songe la trouble! à me laisser sortir.

NÉARQUE

Votre retour pour elle en aura plus de charmes* ;
Dans une heure au plus tard vous essuierez ses larmes ;
Et l'heur[2] de vous revoir lui semblera plus doux,
100 Plus elle aura pleuré pour un si cher époux.
Allons, on nous attend.

POLYEUCTE

Apaisez donc sa crainte
Et calmez la douleur dont son âme* est atteinte.
Elle revient.

NÉARQUE

Fuyez.

POLYEUCTE

Je ne puis.

NÉARQUE

Il le faut :
Fuyez un ennemi[3] qui sait votre défaut[4],
105 Qui le trouve aisément, qui blesse par la vue,
Et dont le coup mortel vous plaît quand il vous tue.

---

1. Celle du baptême (voir vers 45 : *le sacré caractère*); 2. *Heur* : bonheur; 3. Le démon (voir vers 53); 4. Votre point faible (terme d'escrime; comparez à l'expression : « le défaut de la cuirasse »).

QUESTIONS

● Vers 93-106. Caractérisez le rythme de cette fin de scène. Montrez notamment comment les répliques de Polyeucte s'abrègent et s'exténuent. Quelle est l'impression produite? — La débâcle de Polyeucte n'est-elle pas due à la lucidité de Néarque, qui, par sa mise en demeure (vers 93), démasque l'habileté de Polyeucte? Quelle est la valeur de l'argument avancé aux vers 97 et suivants? Comment se marque-t-elle? Comparez l'éclatante déclaration des vers 85-92 et les deux vers 95-96. Quel mouvement psychologique marque à nouveau le *mais* du vers 95? — Les derniers mots prononcés par Polyeucte dans cette scène : leur portée, renforcée par le rythme du vers et l'ordre donné par Néarque.

■ Sur l'ensemble de la scène première. — Les contradictions intérieures de Polyeucte : quelles sont-elles? Comment se manifestent-elles?

— Qu'apprenons-nous dans cette scène sur les personnages? sur le premier conflit qui s'y dévoile?

— Le mouvement dramatique. Montrez qu'il réside : 1° dans l'opposition de deux styles et de deux langages; 2° après une discussion qui s'exaspère dans l'incompréhension et atteint à un paroxysme (vers 87), dans une brusque retombée qui coïncide avec une prise de conscience.

Scène II. — POLYEUCTE, NÉARQUE, PAULINE, STRATONICE.

POLYEUCTE

Fuyons, puisqu'il le faut. Adieu, Pauline, adieu :
Dans une heure au plus tard je reviens en ce lieu.

PAULINE

Quel sujet si pressant à sortir vous convie?
110 Y va-t-il de l'honneur*? y va-t-il de la vie?

POLYEUCTE

Il y va de bien plus.

PAULINE

Quel est donc ce secret?

POLYEUCTE

Vous le saurez un jour : je vous quitte à regret,
Mais enfin il le faut.

PAULINE

Vous m'aimez?

POLYEUCTE

Je vous aime,
Le ciel m'en soit témoin, cent fois plus que moi-même;
115 Mais...

PAULINE

Mais mon déplaisir[1] ne vous peut émouvoir!
Vous avez des secrets que je ne puis savoir!
Quelle preuve d'amour! Au nom de l'hyménée
Donnez à mes soupirs* cette seule journée.

POLYEUCTE

Un songe vous fait peur!

PAULINE

Ses présages sont vains,
120 Je le sais; mais enfin je vous aime, et je crains.

POLYEUCTE

Ne craignez rien de mal pour une heure d'absence.

---

1. *Déplaisir* : profonde douleur.

40 — *POLYEUCTE*

Adieu : vos pleurs sur moi prennent trop de puissance ;
Je sens déjà mon cœur* prêt à se révolter[1],
Et ce n'est qu'en fuyant que j'y[2] puis résister.

SCÈNE III. — PAULINE, STRATONICE.

PAULINE

125 Va, néglige mes pleurs, cours et te[3] précipite
Au-devant de la mort que les dieux m'ont prédite.
Suis cet agent fatal de tes mauvais destins[4],
Qui peut-être te livre aux mains des assassins.
Tu vois, ma Stratonice, en quel siècle nous sommes :
130 Voilà notre pouvoir sur les esprits des hommes ;
Voilà ce qui nous reste, et l'ordinaire effet
De l'amour qu'on nous offre et des vœux qu'on nous fait.
Tant qu'ils ne sont qu'amants, nous sommes souveraines,
Et jusqu'à la conquête ils nous traitent de reines ;
135 Mais après l'hyménée ils sont rois à leur tour.

STRATONICE

Polyeucte pour vous ne manque point d'amour ;
S'il ne vous traite ici d'entière confidence[5],
S'il part malgré vos pleurs, c'est un trait de prudence[6] ;
Sans vous en affliger, présumez avec moi
140 Qu'il est plus à propos qu'il vous cèle[7] pourquoi ;
Assurez-vous sur lui qu'il en a juste cause[8].

---

1. A se retourner contre moi, contre ma résolution ; 2. A vos pleurs ; 3. Dans la syntaxe classique, lorsque deux impératifs sont coordonnés, le pronom complément précède le second ; 4. C'est Néarque que Pauline désigne ainsi, non sans acrimonie ; 5. Avec une confiance entière ; 6. *Prudence* : sagesse ; 7. *Celer* : cacher ; 8. Ayez assez de confiance en lui pour croire qu'il a une bonne raison d'agir ainsi.

QUESTIONS

■ SUR LA SCÈNE II. — L'attitude de Polyeucte à l'égard de Pauline : comparez-la aux sentiments qu'il exprime à la scène précédente. Comment expliquez-vous que Polyeucte retourne, au vers 119, contre Pauline l'ironie blessante de Néarque (voir vers 1-4) ?

— L'apparition de Pauline : touchante, féminine. Est-elle sincère quand elle prétend ne pas croire aux songes ? (Comparez les vers 119-120 aux vers 125-128.) Pourquoi n'ose-t-elle pas l'être ?

— Le pathétique de la scène : indiquez comment se manifeste le double désarroi de Polyeucte et de Pauline. Expliquez pourquoi Polyeucte ne peut se justifier plus clairement.

— Pour quelle raison *fuir* et *il le faut* sont-ils plusieurs fois répétés (vers 103-124) ? La sobriété d'expression : peut-on parler, à la suite de Voltaire, de prosaïsme à propos des vers 120-121 ?

— Le rythme, haché. Relevez quelques coupes remarquables.

ACTE PREMIER. Scène III — 41

Il est bon qu'un mari nous cache quelque chose,
Qu'il soit quelquefois libre et ne s'abaisse pas
A nous rendre toujours compte de tous ses pas.
145 On n'a tous deux qu'un cœur* qui sent mêmes traverses[1],
Mais ce cœur* a pourtant ses fonctions diverses,
Et la loi de l'hymen qui vous tient assemblés
N'ordonne pas qu'il tremble alors que vous tremblez.
Ce qui fait vos frayeurs ne peut le mettre en peine :
150 Il est Arménien et vous êtes Romaine,
Et vous pouvez savoir que nos deux nations
N'ont pas sur ce sujet mêmes impressions :
Un songe en notre[2] esprit passe pour ridicule,
Il ne nous laisse espoir, ni crainte, ni scrupule;
155 Mais il passe dans Rome avec autorité
Pour fidèle miroir de la fatalité[3].

PAULINE

Quelque peu de crédit que chez vous il obtienne[4],
Je crois que ta frayeur égalerait la mienne
Si de telles horreurs t'avaient frappé l'esprit,
160 Si je t'en avais fait seulement le récit.

STRATONICE

A raconter ses maux souvent on les soulage.

---

1. Qui connaît les mêmes épreuves; 2. A nous autres, Arméniens; 3. *Fatalité* : destin; 4. *Var.* : « Le mien est bien étrange, et quoique Arménienne » (1643-1656).

QUESTIONS

● Vers 125-148. Le mouvement d'humeur de Pauline n'était-il pas annoncé dans la scène précédente? Quel est le thème de la conversation (vers 129-148)? Quel en est le ton? Trouvez-vous, avec Voltaire, le vers 142 « burlesque »? Comment ces considérations se rattachent-elles à la scène précédente? à l'action en général? Indiquez de quoi se plaint Pauline et quelle sagesse pratique lui enseigne Stratonice.
— Les théoriciens classiques exigeaient de la tragédie unité de ton et constante noblesse. Pensez-vous que Corneille leur donne ici satisfaction? Qu'en concluez-vous en ce qui concerne l'esthétique de sa tragédie?

● Vers 149-156. Appréciez la justification donnée ici au songe de Pauline : valeur psychologique, sociologique; quelle raison pousse Corneille à justifier ce ressort de l'action? — Citez d'autres songes, célèbres dans l'histoire de la tragédie, et indiquez-en la valeur dramatique et psychologique.

● Vers 157-161. Comment Corneille prépare-t-il le spectateur au récit du songe? La nécessité de cette transition. — Utilité du vers 161 : cette vérité de sens commun peut-elle encourager Pauline? — Pourquoi Corneille a-t-il corrigé le vers 157?

42 — *POLYEUCTE*

PAULINE

Écoute; mais il faut te dire davantage,
Et que, pour mieux comprendre un si triste[1] discours[2],
Tu saches ma faiblesse et mes autres amours[3] :
165 Une femme d'honneur* peut avouer sans honte
Ces surprises des sens que la raison* surmonte;
Ce n'est qu'en ces assauts qu'éclate la vertu*,
Et l'on doute d'un cœur* qui n'a point combattu.
   Dans Rome, où je naquis, ce[4] malheureux visage
170 D'un chevalier romain captiva le courage[5],
Il s'appelait Sévère : excuse les soupirs*
Qu'arrache encore un nom trop cher à mes désirs.

STRATONICE

Est-ce lui qui naguère[6] aux dépens de sa vie
Sauva des ennemis votre empereur Décie[7],
175 Qui leur tira mourant la victoire des mains
Et fit tourner le sort des Perses aux Romains[8]?
Lui qu'entre tant de morts immolés à son maître,
On ne put rencontrer[9], ou du moins reconnaître;
A qui Décie enfin, pour des exploits si beaux,
180 Fit si pompeusement dresser de vains tombeaux[10]?

---

1. *Triste* : lugubre, funeste; 2. *Discours* : récit (sans aucun caractère oratoire); 3. Coordination de deux éléments dont le second (*mes autres amours*) explique le premier (*ma faiblesse*) [hendiadys]; 4. *Ce* : mon (valeur personnelle); 5. *Le courage* : le cœur. La classe des chevaliers, à l'époque impériale, était celle de la petite noblesse; 6. *Naguère* : il y a peu de temps (il n'y a guère); 7. *Décie* ou *Decius* : empereur de 249 à 251; 8. Força la victoire à changer de camp; 9. *Rencontrer* : retrouver; 10. Des tombeaux vides, des cénotaphes pour honorer sa mémoire.

QUESTIONS

● Vers 162-172. Pauline s'apprêtait à faire le récit du songe qui l'a plongée dans l'angoisse; or elle s'interrompt pour un autre récit (vers 162). Pourquoi? Montrez que Corneille prend ici la précaution de justifier moralement la confidence de Pauline. Ne pourrait-on lui faire un reproche plus embarrassant? Que pensez-vous de la réponse qu'il y apporte dans son Examen (voir page 147)? — L'accent cornélien des vers 165-168 : quel mérite s'attribue Pauline pour se donner la certitude que son aveu n'est pas indigne d'elle? — Remarquez la coupe très forte du vers 171. A quel sentiment correspond-elle? N'y a-t-il pas, dans la façon dont est mis en valeur le nom de Sévère, toute a confidence de Pauline?

● Vers 173-180. Nécessité des détails biographiques sur Sévère. Pourquoi Pauline ne pouvait-elle les donner elle-même? — La figure de Stratonice ne se trouve-t-elle pas comme animée et particularisée par la façon dont elle s'intéresse au roman d'amour dont on lui fait confidence? Le romanesque des éléments qu'elle apporte.

ACTE PREMIER. Scène III — 43

PAULINE

Hélas! c'était lui-même et jamais notre Rome
N'a produit plus grand cœur*, ni vu plus honnête homme[1].
Puisque tu le connais, je ne t'en dirai rien.
Je l'aimai, Stratonice : il le méritait bien;
185 Mais que sert le mérite* où manque la fortune?
L'un était grand en lui, l'autre faible et commune :
Trop invincible obstacle, et dont trop rarement
Triomphe auprès d'un père un vertueux* amant!

STRATONICE
La digne occasion d'une rare constance!

PAULINE
190 Dis plutôt d'une indigne et folle résistance.
Quelque fruit qu'une fille en puisse recueillir,
Ce n'est une vertu* que pour qui veut faillir[2].
Parmi[3] ce grand amour que j'avais pour Sévère,
J'attendais un époux de la main de mon père,
195 Toujours prête à le prendre; et jamais ma raison*
N'avoua de mes yeux l'aimable[4] trahison.
Il possédait mon cœur*, mes désirs, ma pensée;
Je ne lui cachais point combien j'étais blessée[5] :
Nous soupirions* ensemble et pleurons nos malheurs;
200 Mais, au lieu d'espérance, il n'avait que des pleurs;
Et malgré des soupirs* si doux, si favorables,
Mon père et mon devoir* étaient inexorables.
Enfin je quittai Rome et ce parfait amant
Pour suivre ici mon père en son gouvernement[6];
205 Et lui, désespéré, s'en alla dans l'armée

─────────
1. *Honnête homme* : homme d'honneur, de mérite. L'honnêteté, pour le XVIIe siècle, est à peu près la *virtus* des Romains, ensemble des qualités d'un homme véritable; 2. *Faillir* : manquer à son devoir; 3. *Parmi* : au milieu de. Ne s'emploie aujourd'hui qu'avec un nom au pluriel; 4. *Aimable* : qu'on aime, qui plaît. Les yeux, c'est-à-dire les sens, sont opposés à la raison, c'est-à-dire au jugement, au consentement de la volonté; 5. Voir note du vers 85; 6. *Gouvernement* : poste de gouverneur.

● QUESTIONS ─────────────────────────

● Vers 181-189. Comment interprétez-vous ce *Hélas!* de Pauline (vers 181)? — Que signifie exactement le commentaire de Stratonice (vers 189)? Ne vous semble-t-il pas que, passionnée par le récit, elle en vienne à oublier la situation présente de Pauline?

● Vers 190-192. Comparez l'esprit romanesque de Pauline à celui de Stratonice. En quoi se ressemblent-ils? En quoi se distinguent-ils radicalement?

44 — *POLYEUCTE*

    Chercher d'un beau trépas l'illustre renommée.
    Le reste, tu le sais : mon abord[1] en ces lieux
    Me fit voir Polyeucte, et je plus à ses yeux ;
    Et comme il est ici le chef de la noblesse,
210 Mon père fut ravi qu'il me prît pour maîtresse[2],
    Et par son alliance il se crut assuré
    D'être plus redoutable et plus considéré :
    Il approuva sa flamme* et conclut l'hyménée ;
    Et moi, comme à son lit je me vis destinée,
215 Je donnai par devoir* à son affection
    Tout ce que l'autre avait par inclination.
    Si tu peux en douter, juge-le par la crainte
    Dont en ce triste jour tu me vois l'âme* atteinte.

STRATONICE

Elle fait assez voir à quel point vous l'aimez.
220 Mais quel songe, après tout, tient vos sens[3] alarmés ?

PAULINE

    Je l'ai vu cette nuit, ce malheureux Sévère,
    La vengeance à la main[4], l'œil ardent de colère :
    Il n'était point couvert de ces tristes lambeaux
    Qu'une ombre désolée emporte des tombeaux ;
225 Il n'était point percé de ces coups pleins de gloire*

---

1. *Abord* : arrivée ; 2. *Maîtresse* : fiancée, « fille qu'on recherche en mariage » (Furetière, 1690) ; 3. Les songes troublent *les sens*, puisqu'ils ont un caractère physiologique (voir vers 7 et la note) ; 4. Corneille donne ici à *vengeance*, mot abstrait, un sens concret ; moyen, instrument propre à se venger (métonymie).

QUESTIONS

● VERS 193-206. Pauline distingue en elle l'amour et la raison. Relevez successivement les termes qui appartiennent à l'un et à l'autre. — Voyez-vous une contradiction entre les vers 195-196 *(... et jamais ma raison N'avoua...)* et 198 *(Je ne lui cachais point...)* ? Comment, d'après ces vers, définissez-vous ce que Pauline appelle sa raison ? — En quoi cette attitude et la distinction que fait Pauline préfigurent-elles et expliquent-elles la scène II de l'acte II ? Soulignez le romanesque de tout cet épisode. — Imaginez les réactions du public au XVIIe siècle ; quelles sont les réactions du public de nos jours ?

● VERS 207-220. Comment se complète ici l'exposition ? — Soulignez la lucidité implacable avec laquelle la jeune femme juge son père (vers 209-213). Rapprochez cette appréciation des vers 187-188 et 202. Montrez la fierté de Pauline (vers 215-218). Est-elle légitime ? Comment s'achève ainsi le portrait psychologique de Pauline ? — Le spectateur a-t-il la même curiosité que Stratonice (vers 220) ? Utilité dramatique de ce vers.

Qui, retranchant sa vie, assurent sa mémoire;
Il semblait triomphant[1], et tel que sur son char
Victorieux dans Rome entre notre César.
　　Après un peu d'effroi que m'a donné sa vue :
230 « Porte à qui tu voudras la faveur qui m'est due,
Ingrate, m'a-t-il dit ; et, ce jour expiré[2],
Pleure à loisir l'époux que tu m'as préféré. »
A ces mots, j'ai frémi, mon âme* s'est troublée;
Ensuite des chrétiens une impie assemblée,
235 Pour avancer l'effet[3] de ce discours fatal,
A jeté Polyeucte aux pieds de son rival.
Soudain à son secours j'ai réclamé mon père;
Hélas! c'est de tout point ce qui me désespère,
J'ai vu mon père même, un poignard à la main,
240 Entrer le bras levé pour lui percer le sein :
Là ma douleur trop forte a brouillé ces images;
Le sang de Polyeucte a satisfait leurs rages.
Je ne sais ni comment ni quand ils l'ont tué,
Mais je sais qu'à sa mort tous ont contribué :
245 Voilà quel est mon songe.

STRATONICE

　　　　　　　　Il est vrai qu'il est triste[4];
Mais il faut que votre âme* à ces frayeurs résiste :
La vision, de soi, peut faire quelque horreur,
Mais non pas vous donner une juste[5] terreur.
　　Pouvez-vous craindre un mort? pouvez-vous craindre un
　　　　　　　　　　　　　　　　　　　　　　　[père

---

1. Au sens précis de : « qui reçoit les honneurs du triomphe » (voir *sur son char, victorieux*); 2. Une fois ce jour terminé; 3. Contribuer à la réalisation de; 4. *Triste* : voir vers 163 et la note; 5. *Juste* : fondée, justifiée.

──── QUESTIONS ────

● VERS 221-245. Relevez, dans ce récit : 1º les éléments effrayants; 2º les éléments inattendus et encore inexplicables qui ont frappé Pauline. — En quoi ce songe préfigure-t-il bien, tout en lui conservant du mystère, le déroulement de la tragédie? Montrez comment l'emploi du présent, en contraste avec les passés du récit, et la répétition, au même temps, du verbe *savoir* (vers 243-244) soulignent la menace actuelle contenue dans ce songe. — « Le songe de Pauline est à la vérité un peu hors d'œuvre, la pièce peut s'en passer », a écrit Voltaire. D'un point de vue strictement dramatique, dans quelle mesure est-ce exact? Cette suppression ne changerait-elle pas tout le climat de la pièce? Le tragique ne suppose-t-il pas une certaine part d'irrémédiable et de fatalité? (Trouvez des exemples dans l'histoire de la tragédie antique et moderne.)

46 — *POLYEUCTE*

250 Qui chérit votre époux, que votre époux révère,
Et dont le juste choix vous a donnée à lui,
Pour s'en faire en ces lieux un ferme et sûr appui ?

PAULINE

Il m'en a dit autant et rit de mes alarmes ;
Mais je crains des chrétiens les complots et les charmes[1]*,
255 Et que sur mon époux leur troupeau ramassé[2]
Ne venge tant de sang que mon père a versé[3].

STRATONICE

Leur secte est insensée, impie et sacrilège,
Et dans son sacrifice use de sortilège ;
Mais sa fureur ne va qu'à briser nos autels :
260 Elle n'en veut qu'aux dieux, et non pas aux mortels.
Quelque sévérité que sur eux on déploie,
Ils souffrent sans murmure et meurent avec joie ;
Et depuis qu'[4] on les traite en criminels d'État,
On ne peut les charger d'aucun assassinat.

PAULINE

265 Tais-toi, mon père vient.

---

1. *Charmes* : sortilèges ; 2. *Ramassé* : rassemblé, concentré ; 3. En sa qualité de gouverneur, il a appliqué les ordres de l'Empereur et persécuté les chrétiens ; 4. Depuis tout le temps que.

─────── **QUESTIONS** ───────

● VERS 245-265. Les arguments rassurants de Stratonice : quels sont-ils ? Leur vraisemblance : sur quoi s'appuient-ils ? L'interprétation politique que Pauline donne des visions du songe et qui contribue à accroître son angoisse nous persuade-t-elle ? Montrez que notre inquiétude vient non de la crainte précise de Pauline, mais de l'attention portée sur les chrétiens à propos de Polyeucte, depuis que nous avons assisté aux réticences de ce dernier à recevoir le baptême.

■ SUR L'ENSEMBLE DE LA SCÈNE III. — La composition de la scène. Montrez que la variété de ton est en relation avec la diversité des thèmes abordés. Qu'est-ce qui en fait cependant l'unité ? Sur quelle impression se termine la scène ?
— Les éléments nécessaires à l'exposition sont-ils importants dans cette scène ?
— Un second drame intérieur, distinct du premier, se révèle : précisez-le.
— La complexité psychologique de Pauline : ses aspects de faiblesse (angoisse, déchirement sentimental, sensibilité) ; sa grandeur héroïque (lucidité, maîtrise de soi, force d'âme). Comment certaines circonstances, s'ajoutant aux impressions de son rêve, lui permettent-elles de prendre conscience de certaines réalités de sa vie sentimentale ?

Scène IV. — FÉLIX, ALBIN, PAULINE, STRATONICE.

FÉLIX

Ma fille, que ton songe
En d'étranges frayeurs ainsi que toi me plonge[1] !
Que j'en crains les effets, qui semblent s'approcher !

PAULINE

Quelle subite alarme ainsi vous peut toucher[2] ?

FÉLIX

Sévère n'est point mort.

PAULINE

Quel mal nous fait sa vie ?

FÉLIX

270 Il est le favori de l'empereur Décie.

PAULINE

Après l'avoir sauvé des mains des ennemis,
L'espoir d'un si haut rang lui devenait permis ;
Le destin, aux grands cœurs* si souvent mal propice,
Se résout quelquefois à leur faire justice.

FÉLIX

275 Il vient ici lui-même.

PAULINE

Il vient !

FÉLIX

Tu le vas voir.

PAULINE

C'en est trop ; mais comment le pouvez-vous savoir ?

FÉLIX

Albin l'a rencontré dans la proche campagne ;
Un gros[3] de courtisans en foule l'accompagne,
Et montre assez quel est son rang et son crédit ;

---

1. *Var.* : « En d'étranges frayeurs depuis un peu me plonge » (1643) ; 2. *Var.* : « De grâce apprenez-moi ce qui vous peut toucher » (1643) ; 3. Une troupe nombreuse.

48 — *POLYEUCTE*

280 Mais, Albin, redis-lui ce que ses gens t'ont dit.

ALBIN

Vous savez quelle fut cette grande journée,
Que sa perte pour nous rendit si fortunée[1],
Où l'empereur captif, par sa main dégagé,
Rassura son parti déjà découragé,
285 Tandis que sa[2] vertu[3]* succomba sous le nombre ;
Vous savez les honneurs* qu'on fit faire à son ombre,
Après qu'entre les morts on ne le put trouver :
Le roi de Perse aussi[4] l'avait fait enlever.
Témoin de ses hauts faits et de son grand courage[5],
290 Ce monarque en[6] voulut connaître le visage ;
On le mit dans sa[7] tente, où, tout percé de coups,
Tout mort qu'il paraissait, il fit mille jaloux[8] ;
Là bientôt il montra quelque signe de vie ;
Ce prince généreux* en eut l'âme* ravie[9],
295 Et sa joie, en dépit de son dernier malheur,
Du bras qui le causait honora la valeur* ;
Il en fit prendre soin, la cure[10] en fut secrète ;
Et, comme au bout d'un mois sa santé fut parfaite,
Il[11] offrit dignités, alliance[12], trésors,

---

1. Sévère, en « se perdant », sauva l'Empereur et la victoire (voir vers 173-176) ;
2. De Sévère ; 3. *Vertu* : valeur, courage ; 4. *Aussi* donne un sens causal à la proposition : c'est que le roi de Perse l'avait fait enlever. 5. *Var.* (vers 289-290) :

« Témoin de ses hauts faits, encor qu'à son dommage
Il en voulut tout mort connaître le visage » (1643-1656) ;

6. De Sévère ; 7. Du roi de Perse ; 8. *Var.* : « Chacun plaignit son sort, bien qu'il en fût jaloux » (1643-1656) ; 9. *Var.* (vers 294-296) :

« Ce généreux monarque en eut l'âme ravie,
Et vaincu qu'il était, oublia son malheur,
Pour dans son auteur même honorer la valeur » (1643-1656) ;

10. Les soins qu'on lui donna ; 11. Le roi de Perse ; 12. Par un mariage.

QUESTIONS

● VERS 265-280. À quoi voit-on que Félix a perdu tout sang-froid ? Comment fait-il son entrée ? Comment annonce-t-il la nouvelle ? Comparez son attitude à celle que Pauline rappelle au vers 253. — L'ordre dans lequel les questions de sa fille lui arrachent les éléments de cette nouvelle ne confirme-t-il pas ce que Pauline nous avait déjà appris (vers 210-212) ? — L'effet de contraste entre l'attitude de Pauline et l'affolement de son père. — L'unité de ton classique est-elle respectée ? Montrez l'ironie amère de Pauline aux vers 271-274. — Précisez le moment où Pauline se déconcerte. Quel sens donner à la réplique de Félix (vers 275), en tenant compte de son caractère, tel que sa fille l'a indiqué ? Pauline s'y trompe-t-elle ? Les raisons de son trouble sont-elles les mêmes que celles de son père ?

300 Et pour gagner Sévère il fit cent vains efforts.
     Après avoir comblé ses refus de louange[1],
     Il envoie à Décie en proposer l'échange;
     Et soudain l'empereur, transporté de plaisir,
     Offre au Perse son frère et cent chefs à choisir.
305 Ainsi revint au camp le valeureux Sévère
     De sa haute vertu* recevoir le salaire;
     La faveur de Décie en fut le digne prix.
     De nouveau l'on combat, et nous sommes surpris.
     Ce malheur toutefois sert à croître sa gloire* :
310 Lui seul rétablit l'ordre et gagne la victoire,
     Mais si belle, et si pleine, et par tant de beaux faits,
     Qu'on nous offre tribut[2], et nous faisons la paix.
     L'empereur, qui lui montre une amour infinie[3],
     Après ce grand succès l'envoie en Arménie;
315 Il vient en apporter la nouvelle en ces lieux,
     Et par un sacrifice en rendre hommage aux dieux.

FÉLIX

O ciel! en quel état ma fortune est réduite!

ALBIN

Voilà ce que j'ai su d'un homme de sa suite,
Et j'ai couru, seigneur, pour vous y[4] disposer.

FÉLIX

320 Ah! sans doute, ma fille, il vient pour t'épouser :
     L'ordre[5] d'un sacrifice est pour lui peu de chose;
     C'est un prétexte faux dont l'amour est la cause.

PAULINE

Cela pourrait bien être : il m'aimait chèrement.

---

1. Après avoir comblé de louange ses refus; 2. C'est-à-dire : soumission; 3. *Amour* est souvent féminin dans la langue classique; 4. A ces nouvelles; 5. *L'ordre* : l'organisation.

──────── QUESTIONS ────────

● VERS 281-316. Les éléments utiles apportés par ce récit sur Sévère. Rapprochez-les du songe de Pauline : quels points s'éclairent? Quels éléments restent obscurs? — Quelle triple information apportent les vers 313-316? — L'invraisemblance de ce récit assez orné dans la circonstance présente. En quoi le goût du siècle le justifie-t-il? Montrez l'idéalisation du comportement de Sévère, du roi de Perse, de l'Empereur? Expliquez pourquoi cette couleur romanesque ne peut que raviver chez Pauline son amour ancien. Étudiez, en utilisant les variantes citées en note, le soin avec lequel Corneille a poli ce récit.

50 — *POLYEUCTE*

FÉLIX

Que ne permettra-t-il à son ressentiment?
325 Et jusques à quel point ne porte sa vengeance
Une juste colère[1] avec tant de puissance?
Il nous perdra, ma fille.

PAULINE

Il est trop généreux*.

FÉLIX

Tu veux flatter[2] en vain un père malheureux :
Il nous perdra, ma fille. Ah! regret qui me tue
330 De n'avoir pas aimé la vertu* toute nue!
Ah! Pauline, en effet, tu m'as trop obéi;
Ton courage[3] était bon, ton devoir* l'a trahi.
Que ta rébellion m'eût été favorable!
Qu'elle m'eût garanti d'un état déplorable!
335 Si quelque espoir me reste, il n'est plus aujourd'hui
Qu'en l'absolu pouvoir qu'il te donnait sur lui;
Ménage en ma faveur l'amour qui le possède,
Et d'où provient mon mal fais sortir le remède.

PAULINE

Moi, moi! que je revoie un si puissant vainqueur
340 Et m'expose à des yeux qui me percent le cœur*!
Mon père, je suis femme, et je sais ma faiblesse;
Je sens déjà mon cœur* qui pour lui s'intéresse,

---

1. Sujet de *ne porte*; 2. *Flatter* : tromper pour donner de l'espoir; 3. Le sentiment de ton cœur.

QUESTIONS

● VERS 317-334. Comment se traduit l'affolement de Félix? Pourquoi devine-t-il si juste les intentions de Sévère (vers 321-322)? L'excès de ses cris, de ses exclamations, de son anxiété, qui tourne à l'obsession (vers 327 et 329), n'a-t-il pas un éclat comique? En quoi l'expression *juste colère* (vers 326) donne-t-elle la clé du caractère de Félix? — Qu'est-ce qui l'amène à regretter sa conduite passée (vers 329)? — Qu'y a-t-il de monstrueux, d'indécent et presque de bouffon dans les reproches qu'il en vient à adresser à sa fille (en particulier le vers 331)? — Soulignez le contraste entre l'attitude de Pauline et celle de Félix. Quelle est la nuance de la réplique de Pauline au vers 323? N'avons-nous pas déjà rencontré un autre trait de son ironie cruelle à l'égard de son père? L'accent sur lequel elle prononce sa réplique du vers 327 : son intention est-elle de rassurer son père? N'est-ce pas plutôt une revanche sur le passé, dans le prolongement du vers 323? Montrez que la réplique de Félix (vers 328 et suivants) se trouve, de ce fait, encore plus déplacée.

Phot. Lipnitzki.

POLYEUCTE À LA COMÉDIE-FRANÇAISE
Félix (Jean Marchat), Pauline (Thérèse Marney) et Sévère (André Falcon).

52 — *POLYEUCTE*

>   Et poussera sans doute, en dépit de ma foi¹*,
>   Quelque soupir* indigne et de vous et de moi.
> 345 Je ne le verrai point.

FÉLIX

>   Rassure² un peu ton âme*.

PAULINE

>   Il est toujours aimable³, et je suis toujours femme;
>   Dans le pouvoir⁴ sur moi que ses regards ont eu,
>   Je n'ose m'assurer de toute ma vertu⁵*.
>   Je ne le verrai point.

FÉLIX

>   Il faut le voir, ma fille,
> 350 Ou tu trahis ton père et toute ta famille.

PAULINE

>   C'est à moi d'obéir, puisque vous commandez;
>   Mais voyez les périls où vous me hasardez.

FÉLIX

>   Ta vertu* m'est connue.

PAULINE

>   Elle vaincra sans doute⁶;
>   Ce n'est pas le succès⁷ que mon âme* redoute :
> 355 Je crains ce dur combat et ces troubles puissants
>   Que fait⁸ déjà chez moi la révolte des sens;

---

1. *Foi* : fidélité à un engagement donné; 2. *Rassurer* : raffermir; 3. *Aimable* : digne d'être aimé; 4. Étant donné le pouvoir; 5. *Var.* : « Je ne me réponds pas de toute ma vertu » (1643-1660); 6. *Sans doute* : sans aucun doute; 7. *Le succès* : le résultat (bon ou mauvais) du combat; 8. *Var.* : au lieu de *que fait*, les éditions de 1648-1654 portent « qui fait »; celle de 1655, « qui font ».

──── QUESTIONS ────

● VERS 335-350. Comment Félix passe-t-il de ses lamentations à sa monstrueuse requête (changement de ton, de style)? Comment l'idée d'un remède à son mal naît-elle dans l'esprit de cet homme inventif et sans scrupule? — La brutalité et l'indélicatesse de cette demande. La réplique de Félix au vers 345 : pourquoi, dans un autre contexte, serait-elle comique? Sa valeur révélatrice au point de vue psychologique. Le trait vous paraît-il forcé? — Comment Pauline accueille-t-elle cette requête (vers 339-345 et vers 346-349)? Montrez que, par deux fois, elle refuse radicalement et dans les mêmes termes. A-t-elle quelque chance d'échapper à cette déchirante épreuve? Pourquoi? En est-elle consciente? — Le sens de *Il faut* (vers 349). Montrez qu'en invoquant les grands mots et les grands sentiments Félix révèle son féroce égoïsme et reste fidèle à sa veulerie. L'accent de vérité de cette réaction de panique.

Mais puisqu'il faut combattre un ennemi que j'aime,
Souffrez que je me puisse armer contre moi-même,
Et qu'un peu de loisir me prépare à le voir.

FÉLIX

360 Jusqu'au-devant des murs[1] je vais le recevoir;
Rappelle[2] cependant[3] tes forces étonnées[4],
Et songe qu'en tes mains tu tiens nos destinées.

PAULINE

Oui, je vais de nouveau dompter mes sentiments
Pour servir de victime à vos commandements.

―――

1. En avant, au-delà des murs; 2. *Rappeler* : rassembler; 3. *Cependant* : pendant ce temps; 4. *Étonné* : voir vers 85 et la note.

― QUESTIONS ―

● VERS 351-362. Pourquoi Pauline accepte-t-elle (vers 351) l'épreuve imposée? Veut-elle esquiver une part de ses responsabilités (vers 352), en prenant son père à témoin des risques qu'elle affronte? — Est-ce une admiration sincère ou un encouragement habile qu'exprime Félix au vers 353? — Par quels mots Pauline définit-elle exactement la difficulté qu'elle doit vaincre? Y a-t-il contradiction entre les vers 352 et 354? Sens de ce dernier vers. — Vraisemblance psychologique de la requête des vers 358-359; connaissez-vous d'autres personnages de Corneille qui éprouvent ce même besoin avant d'agir?

● VERS 363-364. Comment la tour lucidité dont fait preuve Pauline au vers 364 permet-elle d'éclairer le sens de son attitude?

■ SUR L'ENSEMBLE DE LA SCÈNE IV. — L'importance dramatique du retour de Sévère : dans quelle mesure est-ce un coup de théâtre? L'habileté dramatique de Corneille, qui termine l'acte premier sur cette menace.
 — Félix : qu'a-t-il d'insolite aux côtés de Polyeucte et de Pauline? Montrez qu'il serait comique hors du cadre tragique dans lequel il se trouve, mais que l'association, en lui, de son caractère et de sa fonction d'autorité — familiale et politique — en fait un puissant moteur tragique.
 — L'attitude de Pauline : héroïsme et humanité. Pouvait-elle agir autrement? Quels mobiles la déterminent à rencontrer Sévère?

■ SUR L'ENSEMBLE DE L'ACTE PREMIER. — Faites la part de l'exposition et celle de l'action engagée. Montrez que l'exposition se complète grâce à la progression de l'action.
 — Les éléments du second conflit sont-ils rassemblés? En est-il de même de ceux du premier? Le lien qui unit ces deux conflits est-il, actuellement, très fort et très apparent?
 — Comment nous apparaît Pauline? Sa parenté avec d'autres héroïnes cornéliennes. Polyeucte paraît-il aussi héroïque? A-t-il déjà autant d'importance que Pauline? Psychologie et importance de Félix.
 — Le songe : sa menace sur tout le premier acte; sa valeur dramatique, psychologique; son rôle dans la création de l'atmosphère.

ACTE II

Scène première. — SÉVÈRE, FABIAN.

SÉVÈRE

365 Cependant que Félix donne ordre[1] au sacrifice,
Pourrai-je prendre un temps[2] à mes vœux si propice?
Pourrai-je voir Pauline et rendre à ses beaux yeux
L'hommage souverain que l'on va rendre aux dieux?
Je ne t'ai point celé que c'est ce qui m'amène.
370 Le reste est un prétexte à soulager ma peine[3];
Je viens sacrifier, mais c'est à ses beautés
Que je viens immoler toutes mes volontés.

FABIAN

Vous la verrez, seigneur.

SÉVÈRE

Ah! quel comble de joie!
Cette chère beauté consent que je la voie[4]!
375 Mais ai-je sur son âme* encor quelque pouvoir?
Quelque reste d'amour s'y fait-il encor voir[5]?
Quel trouble, quel transport lui cause ma venue?
Puis-je tout espérer de cette heureuse vue?
Car je voudrais mourir plutôt que d'abuser
380 Des lettres de faveur[6] que j'ai pour l'épouser,
Elles sont pour Félix, non pour triompher d'elle :
Jamais à ses désirs mon cœur* ne fut rebelle;
Et si mon mauvais sort avait changé le sien[7],
Je me vaincrais moi-même et ne prétendrais rien[8].

FABIAN

385 Vous la verrez, c'est tout ce que je vous puis dire.

---

1. *Donner ordre à* : organiser; 2. Saisir une occasion; 3. Un prétexte pour me tirer d'embarras. *A soulager ma peine* est une cheville, comme le montre d'ailleurs la variante : « Du reste mon esprit ne s'en met guère en peine » (1643-1656); 4. *Var.* : « Cet adorable objet consent que je le voie » (1643-1656); 5. *Var.* : « En lui parlant d'amour l'as-tu vu s'émouvoir? » (1643). « En lui parlant de moi, l'as-tu vu s'émouvoir? » (1648-1660); 6. Lettres de recommandation (accordées par l'Empereur). Remarquez la coupe irrégulière du vers; 7. Son cœur; 8. Je cesserais de prétendre (à sa main). Construction transitive directe du verbe *prétendre*, habituelle dans la langue classique.

ACTE II. Scène première — 55

SÉVÈRE

D'où vient que tu frémis, et que ton cœur* soupire*?
Ne m'aime-t-elle plus? Éclaircis-moi ce point.

FABIAN

M'en croirez-vous, seigneur? ne la revoyez point;
Portez en lieu plus haut l'honneur* de vos caresses :
390 Vous trouverez à Rome assez d'autres maîtresses;
Et dans ce haut degré de puissance et d'honneur*,
Les plus grands y tiendront votre amour à[1] bonheur*.

SÉVÈRE

Qu'à des pensers si bas mon âme* se ravale!
Que je tienne[2] Pauline à mon sort inégale!
395 Elle en a mieux usé[3], je la dois imiter;
Je n'aime mon bonheur*[4] que pour le mériter.
Voyons-la, Fabian; ton discours m'importune;
Allons mettre à ses pieds cette haute fortune :
Je l'ai dans les combats trouvée heureusement,
400 En cherchant une mort digne de son amant;
Ainsi ce rang est sien, cette faveur est sienne,
Et je n'ai rien enfin que d'elle je ne tienne.

---

1. *Tenir à bonheur* : considérer, estimer comme un bonheur; 2. Considère comme;
3. *En user* : se comporter, se conduire; 4. *Bonheur* : heureuse fortune (voir vers 383).

──────── ● QUESTIONS ────────

● Vers 365-385. En quoi Sévère apparaît-il comme un héros romanesque avant tout? La galanterie de son langage (expressions précieuses, métaphores; la pointe du vers 371). Comparez avec le langage de Polyeucte (acte premier, scène première) : montrez que Sévère est plus affecté, mais que la parenté est évidente. — Le mouvement et le ton des vers 365-372 : comment se traduisent la ferveur, l'impatience joyeuse? Sévère n'est-il pas émouvant? Quel est le sens du vers 370? — Les scrupules exprimés aux vers 373-384 : quel en est l'effet sur les spectateurs, qui *savent*? La délicatesse qu'ils témoignent (vers 379-381; 383-384). Comment peut-on apprécier maintenant la supposition faite par Félix aux vers 320-322? — Fabian n'a-t-il pas une mauvaise nouvelle à annoncer? Pourquoi ne le fait-il pas aussitôt (vers 385)?

● Vers 386-402. En quoi Sévère est-il un « parfait amant »? Relevez, dans les vers 393-402, les traits qui font de lui le héros idéal de la préciosité; comparez aux tables d'amour dans *l'Astrée* d'H. d'Urfé (« Classiques Larousse », extrait VII). — Montrez que le ton de Sévère s'altère peu à peu. Pourquoi? L'attitude de Fabian n'est-elle pas surprenante pour Sévère? Quelles raisons font hésiter Fabian à parler? Expliquez son intention aux vers 388-392; quelle erreur de jugement fait-il ici sur Sévère?

FABIAN

Non, mais encore un coup[1] ne la revoyez point.

SÉVÈRE

Ah! c'en est trop, enfin, éclaircis-moi ce point;
405 As-tu vu des froideurs quand tu l'en as priée[2]?

FABIAN

Je tremble à vous le dire; elle est...

SÉVÈRE

Quoi?

FABIAN

Mariée.

SÉVÈRE

Soutiens-moi, Fabian; ce coup de foudre[3] est grand
Et frappe d'autant plus que plus il me surprend.

FABIAN

Seigneur, qu'est devenu ce[4] généreux* courage?

SÉVÈRE

410 La constance est ici d'un difficile usage;
De pareils déplaisirs[5] accablent un grand cœur*;
La vertu* la plus mâle en perd toute vigueur;
Et quand d'un feu[6] si beau les âmes* sont éprises,
La mort les trouble moins que de telles surprises.
415 Je ne suis plus à moi quand j'entends ce discours[7].
Pauline est mariée!

FABIAN

Oui, depuis quinze jours;
Polyeucte, un seigneur des premiers d'Arménie,
Goûte de son hymen la douceur infinie.

---

1. Encore une fois. L'expression, familière aujourd'hui, s'employait même dans le style soutenu; 2. Quand tu l'as priée de me revoir; 3. *Coup de foudre* : événement désastreux qui atterre, qui « étonne »; 4. Votre; 5. *Déplaisir* : voir vers 115 et la note; 6. *Feu* : amour (langage galant); 7. *Var.* : « J'ai de la peine encore à croire tes discours » (1643-1660). *Discours* (singulier ou pluriel) a le sens général de « propos, récit ».

QUESTIONS

● VERS 403-418. La sécheresse croissante du ton aux vers 386-387 et 404-405. — La maladresse de Fabian : comment annonce-t-il la nouvelle? L'effet n'est-il pas un peu mélodramatique (vers 407-408)? Le choc n'aurait-il pas été moins rude s'il avait moins tardé? — Analysez l'émotion de Sévère (vers 410-416) : l'exagération dans l'expression, le jeu des antithèses nuisent-ils à la sincérité de l'émotion?

ACTE II. Scène première — 57

SÉVÈRE

Je ne la puis du moins blâmer d'un mauvais choix,
420 Polyeucte a du nom et sort du sang des rois.
Faibles soulagements d'un malheur sans remède!
Pauline, je verrai qu'un autre vous possède!
O ciel, qui malgré moi me renvoyez au jour[1],
O sort, qui redonniez l'espoir à mon amour,
425 Reprenez la faveur que vous m'avez prêtée,
Et rendez-moi la mort que vous m'avez ôtée.
Voyons-la toutefois, et dans ce triste lieu
Achevons de mourir en lui disant adieu.
Que mon cœur*, chez les morts emportant son image,
430 De son dernier soupir* puisse lui faire hommage!

FABIAN

Seigneur, considérez[2]...

SÉVÈRE

Tout est considéré.
Quel désordre[3] peut craindre un cœur* désespéré?
N'y[4] consent-elle pas?

FABIAN

Oui, seigneur, mais...

SÉVÈRE

N'importe.

FABIAN

Cette[5] vive douleur en deviendra plus forte.

SÉVÈRE

435 Et ce n'est pas un mal que je veuille guérir;
Je ne veux que la voir, soupirer* et mourir.

---

1. Sévère a été bien près de périr (voir vers 292); 2. Fabian voudrait obtenir que Sévère renonçât à son entrevue avec Pauline; 3. *Désordre* : trouble, égarement. Le désespoir en est le comble; 4. A me voir; 5. Votre.

● QUESTIONS ───────────

● Vers 419-436. Appréciez l'effort de générosité et d'objectivité des vers 419-420 : comment s'exerce ici la morale fondée sur l'estime? Comment glisse-t-on au lyrisme mélancolique (vers 421-422)? — Relevez, dans les lamentations de Sévère, les éléments typiquement précieux, les effets oratoires. — A quoi correspond le changement de rythme à partir du vers 431? — Expliquez la beauté poétique du vers 436 : jeu des sonorités, balancement des accents. Le vers est repris en refrain : vers 452. Quel est l'effet obtenu par cette reprise?

58 — *POLYEUCTE*

FABIAN

Vous vous échapperez[1] sans doute en sa présence :
Un amant qui perd tout n'a plus de complaisance;
Dans un tel entretien il suit sa passion[2]
440 Et ne pousse qu'injure et qu'imprécation.

SÉVÈRE

Juge autrement de moi : mon respect[3] dure encore;
Tout violent qu'il est, mon désespoir l'adore.
Quels reproches aussi peuvent m'être permis?
De quoi puis-je accuser qui ne m'a rien promis?
445 Elle n'est point parjure, elle n'est point légère :
Son devoir* m'a trahi, mon malheur, et son père[4].
Mais son devoir* fut juste, et son père eut raison :
J'impute à mon malheur toute la trahison;
Un peu moins de fortune, et plus tôt arrivée[5],
450 Eût gagné l'un par l'autre[6] et me l'eût conservée;
Trop heureux, mais trop tard[7], je n'ai pu l'acquérir :
Laisse-la-moi donc voir, soupirer* et mourir.

FABIAN

Oui, je vais l'assurer qu'en ce malheur extrême
Vous êtes assez fort pour vous vaincre vous-même.
455 Elle a craint comme moi ces premiers mouvements
Qu'une perte imprévue arrache aux vrais amants,
Et dont la violence[8] excite assez de trouble[9],
Sans que l'objet présent l'irrite[10] et le[11] redouble.

SÉVÈRE

Fabian[12], je la vois.

---

1. Vous vous emporterez; **2.** *Var.* : « Dans un tel désespoir il suit sa passion ». (Lire *pas-si-on* [diérèse]); **3.** Le respect que j'ai pour elle; **4.** *Mon malheur, et son père*, comme *son devoir* sont sujets de *m'a trahi;* **5.** Même un peu moins de fortune, si elle fût plus tôt arrivée. **6.** Félix, par l'intermédiaire de Pauline; **7.** Mais (heureux) trop tard; **8.** Lire *vi-o-lence* (diérèse); **9.** Beaucoup de trouble, de désarroi; **10.** Même si la présence de la personne aimée ne l'irrite pas; **11.** Le pronom *le* remplace *trouble*. (Selon la grammaire actuelle, un pronom ne peut reprendre qu'un nom déterminé par l'article.) *Var.* : « La » au lieu de *le* (1643-1660); **12.** *Fa-bi-an* (diérèse).

■ **QUESTIONS** ──────────

● VERS 437-452. Fabian peut-il se hausser au niveau des sentiments de son maître (vers 437-440)? N'a-t-on pas un peu trop l'impression qu'il sert à souligner, par contraste, la grandeur de Sévère? — Le couplet des vers 441-452 : montrez que la simplicité, la retenue du vocabulaire correspondent à une grande générosité de jugement. Ne vous semble-t-il pas que le charme, un peu conventionnel, de Sévère s'humanise? Pourquoi?

FABIAN

Seigneur, souvenez-vous...

SÉVÈRE

460 Hélas! elle aime un autre, un autre est son époux.

Scène II. — SÉVÈRE, PAULINE, STRATONICE, FABIAN.

PAULINE

Oui, je l'aime, seigneur[1], et n'en fais point d'excuse;
Que tout autre que moi vous flatte[2] et vous abuse,
Pauline a l'âme* noble et parle à cœur *ouvert.
    Le bruit de votre mort n'est point ce qui vous perd;
465 Si le ciel en mon choix eût mis mon hyménée
A vos seules vertus* je me serais donnée,
Et toute la rigueur de votre premier sort[3]
Contre votre mérite* eût fait un vain effort[4].
Je découvrais en vous d'assez illustres marques
470 Pour vous préférer même aux plus heureux monarques;
Mais puisque mon devoir* m'imposait d'autres lois,
De quelque amant pour moi que mon père eût fait choix,
Quand à ce grand pouvoir que la valeur* vous donne
Vous auriez ajouté l'éclat d'une couronne,
475 Quand je vous aurais vu, quand je l'aurais haï,
J'en aurais soupiré*, mais j'aurais obéi,
Et sur mes passions ma raison* souveraine

---

1. *Var.* : « Sévère » au lieu de *seigneur* (1643-1664); 2. *Flatter* : voir vers 328 et la note; 3. Votre premier sort (voir vers 448 et suivants), quelque rigoureux qu'il fût; 4. N'eût point prévalu.

QUESTIONS

● Vers 453-460. Comment est repris le mouvement dramatique, un moment suspendu? Montrez que la réplique de Fabian (vers 453-458) en souligne l'accélération subite.

■ Sur l'ensemble de la scène première. — L'intérêt dramatique de cette scène : comment pouvons-nous imaginer le rôle de Sévère dans la suite de la pièce d'après cette présentation?

— Sévère : les grands traits de son caractère tel qu'il se révèle ici. Le conventionnel du personnage : dans son attitude et dans son langage; rattachez-le à son époque. N'a-t-il pas cependant des qualités morales plus solides et plus attachantes?

— Le ton et le climat de la pièce n'ont-ils pas encore changé? Comparez cette scène aux confidences de Pauline (acte premier, scène III).

60 — *POLYEUCTE*

Eût blâmé mes soupirs* et dissipé ma haine.

SÉVÈRE

Que vous êtes heureuse, et qu'un peu de soupirs*
480 Fait un aisé remède à tous vos déplaisirs[1] !
Ainsi de vos désirs toujours reine[2] absolue,
Les plus grands changements vous trouvent résolue ;
De la plus forte ardeur[3]* vous portez vos esprits
Jusqu'à l'indifférence et peut-être au mépris ;
485 Et votre fermeté fait succéder sans peine
La faveur au dédain[4], et l'amour à la haine.
Qu'un peu de votre humeur ou de votre vertu[5]*
Soulagerait les maux de ce[6] cœur* abattu !
Un soupir*, une larme à regret épandue
490 M'aurait déjà guéri de vous avoir perdue ;
Ma raison* pourrait tout sur l'amour affaibli
Et de l'indifférence irait jusqu'à l'oubli
Et mon feu[7] désormais se réglant sur le vôtre,
Je me tiendrais heureux entre les bras d'une autre[8].
495 O trop aimable objet[9], qui m'avez trop charmé*,
Est-ce là comme on aime, et m'avez-vous aimé ?

PAULINE

Je vous l'ai trop fait voir, seigneur ; et si mon âme[10]*

---

1. *Var.* : « Vous acquitte aisément de tous vos déplaisirs » (1643-1656). *Déplaisir* : voir vers 115 et la note ; 2. Se rapporte à *vous* ; 3. *Var.* : « amour » au lieu d'*ardeur* (1643-1656) ; 4. *Var.* : « mépris » au lieu de *dédain* (1643-1656) ; 5. *Vertu* : constance, force d'âme ; 6. Mon ; 7. *Feu* : voir vers 413 et la note ; 8. *Var.* : « un autre » (1643-1660) ; 9. Se dit de la femme aimée, en style galant ; 10. *Var.* (vers 497-498) :

« Je vous aimai, Sévère, et si dedans mon âme
Je pouvais étouffer les restes de sa flamme » (1643-1656).

——— QUESTIONS ———

● Vers 461-478. Montrez l'enchaînement habile et vraisemblable des deux scènes. Comment s'explique le *oui* du vers 461 ? Pourquoi cette brusquerie, cette agressivité dans le début de la déclaration de Pauline ?
— Le langage de la raison et du devoir (vers 464-478). Remarquez la netteté des articulations logiques (vers 471, 476), des coupes à l'hémistiche, le martèlement de la phrase (*quand*, vers 473, 475), l'éclat des sonorités, la fréquence des allitérations. — Comment ce langage reflète-t-il l'énergie et la volonté ? l'orgueil aussi ? Commentez, à cet égard, les vers 462 et 463. De quelle morale se réclame Pauline ?
— L'application de Pauline à mettre en évidence la structure logique de son discours ne marque-t-elle pas la volonté de refuser une autre sorte de dialogue, sur un autre ton (voir vers 346-348 ; 355-356) ? Quelle âpre volupté peut trouver l'âme de Pauline à son rude devoir ?

ACTE II. Scène II — 61

Pouvait bien étouffer les restes de sa flamme*,
Dieux, que j'éviterais de rigoureux tourments!
500 Ma raison*, il est vrai, dompte mes sentiments[1];
Mais quelque autorité que sur eux elle ait prise,
Elle n'y règne pas, elle les tyrannise[2];
Et quoique le dehors soit sans émotion,
Le dedans n'est que trouble et que sédition.
505 Un je ne sais quel charme* encor vers vous m'emporte;
Votre mérite* est grand, si ma raison* est forte :
Je le[3] vois, encor tel qu'il alluma mes feux,
D'autant plus puissamment solliciter mes vœux
Qu'il est environné de puissance et de gloire*,
510 Qu'en tous lieux après vous il traîne[4] la victoire,
Que j'en sais mieux le prix, et qu'il n'a point déçu
Le généreux* espoir que j'en avais conçu.
Mais ce même devoir* qui le vainquit dans Rome,
Et qui me range ici dessous les lois d'un homme,
515 Repousse encor si bien l'effort de tant d'appas[5]
Qu'il déchire mon âme* et ne l'ébranle pas.
C'est cette vertu* même, à nos désirs cruelle,
Que vous louiez alors en blasphémant contre elle :
Plaignez-vous-en encor; mais louez sa rigueur,
520 Qui triomphe à la fois de vous et de mon cœur*;
Et voyez qu'un devoir* moins ferme et moins sincère

---

1. *Var.* : « mouvements » au lieu de *sentiments* (1643-1656); 2. Elle les domine par la violence (et non par la loi et le droit); 3. *Le* : votre mérite; 4. *Traîner* : entraîner; 5. *Appas* : ce qui attire, séduit.

QUESTIONS

● Vers 479-496. Composition de cette réplique. L'amertume sarcastique de Sévère : montrez que celui-ci dessine (vers 479-486) une caricature malveillante de Pauline. — Caractérisez l'attitude de Sévère dans cette réplique; est-elle conforme à ce qu'expriment les vers 441-452? Fabian n'était-il pas clairvoyant, aux vers 437-440? Quelle conclusion en tirer sur Sévère? S'est-il targué, à la scène précédente, d'une générosité qu'il n'a pas? Est-il si passionné qu'il ne puisse se maîtriser? Montrez que son amertume, teintée d'agressivité, vient du décalage qu'il sent entre sa volonté de générosité, qui ne peut triompher de son désespoir, et la fermeté qu'il voit chez Pauline, dont il suppose l'âme aussi calmement déterminée que les paroles. Prouvez qu'ainsi cette agressivité, causée par le dépit de n'être pas à la hauteur de la maîtrise de soi manifestée par Pauline, est en fait tournée contre lui-même, sans qu'il s'en rende clairement compte.

N'aurait pas mérité l'amour du grand Sévère[1].

SÉVÈRE

Ah! madame[2], excusez une aveugle douleur,
Qui ne connaît plus rien que l'excès du malheur :
525 Je nommais inconstance et prenais pour un crime
De ce juste devoir* l'effort le plus sublime[3].
De grâce, montrez moins à mes sens désolés
La grandeur de ma perte et ce que vous valez;
Et, cachant par pitié cette vertu* si rare,
530 Qui redouble mes feux lorsqu'elle nous sépare,
Faites voir des défauts qui puissent à leur tour
Affaiblir ma douleur avecque mon amour.

---

1. *Var.* (vers 521-522) :

« De plus bas sentiments n'auraient pas méritée
Cette parfaite amour que vous m'avez portée » (1643);

(Le participe *méritée* s'accorde avec *amour*, dont il est considéré comme l'attribut, contrairement à la règle actuelle.)

« De plus bas sentiments une ardeur moins discrète
N'auraient pas mérité cette amour si parfaite » (1648-1656);

2. *Var.* : « Pauline » au lieu de *madame* (1643-1660); 3. *Var.* (vers 525-536) :

« Je nommais inconstance et prenais pour des crimes
D'un vertueux devoir les efforts légitimes » (1643-1656).

QUESTIONS

● VERS 497-522. Composition de cette tirade. — Quel sentiment y a-t-il dans le *trop* du vers 497? Examinez la variante : Corneille a-t-il tout de suite eu l'idée de ce premier mouvement, si vrai, de Pauline? — Comparez les idées et les sentiments, exprimés aux vers 500-522, à ce qu'elle a dit aux vers 464-478. Sur quoi insiste-t-elle ici? Comment cette reprise prouve-t-elle que Pauline a compris le désespoir de Sévère? En quoi y a-t-il sympathie ici? — Montrez que l'amour de Pauline pour Sévère se traduit d'une façon poétique : analysez la beauté « racinienne » du vers 505; quel est l'effet produit par la coupe irrégulière du vers 507 et par l'élan lyrique des vers qui suivent? Par quoi se marque cet élan? Que traduisent ces vers? Pauline s'est-elle abandonnée inconsciemment au *charme* qu'elle évoque? Pourquoi prend-elle ce risque, bien qu'elle le sache pour elle redoutable (voir vers 357)? — Comparez les vers 513-520 au vers 505. Ont-ils la même fluidité? Qu'est-ce qui est rendu sensible par leur martèlement? — Quel autre accent se fait sentir aux vers 521-522? Quel effet doivent-ils produire à cette place? Corneille a-t-il trouvé d'emblée ce distique (voir les variantes dans la note du vers 522)?

● VERS 523-532. Comment s'exprime le revirement de Sévère? Comment s'explique-t-il? L'alliance de la sincérité des sentiments et de la préciosité dans l'expression. N'y a-t-il pas, dans les vers 527-532, un air de madrigal? Dans la scène première de l'acte premier, Corneille a-t-il prêté à Polyeucte autant de mièvrerie?

PAULINE

Hélas! cette vertu*, quoique enfin[1] invincible,
Ne laisse que trop voir une âme* trop sensible.
535 Ces pleurs en sont témoins[2], et ces lâches soupirs*
Qu'arrachent de nos feux[3] les cruels souvenirs :
Trop rigoureux effets d'une aimable présence
Contre qui mon devoir* a trop peu de défense!
Mais si vous estimez ce vertueux* devoir*,
540 Conservez-m'en la gloire*, et cessez de me voir;
Épargnez-moi des pleurs qui coulent à ma honte :
Épargnez-moi des feux qu'à regret je surmonte;
Enfin épargnez-moi ces tristes[4] entretiens,
Qui ne font qu'irriter[5] vos tourments et les miens.

SÉVÈRE

545 Que je me prive ainsi du seul bien qui me reste!

PAULINE

Sauvez-vous d'une vue à tous les deux funeste.

SÉVÈRE

Quel prix de mon amour! quel fruit de mes travaux[6]!

PAULINE

C'est le remède seul[7] qui peut guérir nos maux.

SÉVÈRE

Je veux mourir des miens : aimez-en la mémoire.

PAULINE

550 Je veux guérir des miens : ils souilleraient ma gloire*.

---

1. *Enfin* : finalement; 2. En témoignent; 3. *De nos feux* est complément de *souvenirs;* 4. *Triste* : qui inspire du chagrin; 5. *Irriter* : exciter; 6. *Travaux* : peines; 7. Le seul remède.

■━━━ QUESTIONS ━━━━━━━━━━━━━━━━━━━━━━

● VERS 533-544. Comment se manifeste la violence de l'effort déchirant que Pauline s'est imposé? Le pathétique de l'emploi de *nos* (vers 536) : que marque-t-il? Est-ce un recul de la part de Pauline? — Montrez que les vers 539-544 expriment un ordre et une supplication à l'adresse de Sévère. Expliquez-en le caractère raisonnable et le tragique. En quels termes est exprimé l'ordre? Quel est l'effet produit par la répétition de *épargnez-moi?*

● VERS 545-550. Le duo lyrique : quelle émotion est traduite par la stichomythie? Analysez-en la progression (organisation interne de chaque vers; agencement des répliques entre elles). — Les deux formules des vers 549-550 ne définissent-elles pas deux qualités d'âme? Montrez qu'ils résument parfaitement l'attitude adoptée jusqu'ici par les personnages qui les prononcent.

64 — *POLYEUCTE*

SÉVÈRE

Ah ! puisque votre gloire* en prononce l'arrêt,
Il faut que ma douleur cède à son[1] intérêt.
Est-il rien que sur moi cette gloire* n'obtienne ?
Elle me rend[2] les soins que je dois à la mienne[3].
555 Adieu : je vais chercher au milieu des combats
Cette immortalité que donne un beau trépas
Et remplir dignement, par une mort pompeuse[4],
De mes premiers exploits l'attente avantageuse[5],
Si toutefois, après ce coup mortel du sort,
560 J'ai de la vie assez pour chercher une mort.

PAULINE

Et moi, dont votre vue augmente le supplice,
Je l'éviterai[6] même en votre sacrifice[7] ;
Et seule dans ma chambre, enfermant mes regrets,
Je vais pour vous[8] aux dieux faire des vœux secrets.

SÉVÈRE

565 Puisse le juste ciel, content de ma ruine[9],
Combler d'heur[10] et de jours Polyeucte et Pauline !

PAULINE

Puisse trouver Sévère, après tant de malheur,
Une félicité digne de sa valeur* !

SÉVÈRE

Il la trouvait en vous.

---

1. De votre gloire ; 2. Elle réveille en moi ; voir la variante, note 7 ; *rendre des soins* est fâcheusement ambigu ; 3. *Var.* (vers 553-554) :

« D'un cœur comme le mien qu'est-ce qu'elle n'obtienne ?
Vous réveillez les soins que je dois à la mienne » (1643-1656) ;

4. *Pompeux* : glorieux ; 5. Réaliser l'idée avantageuse que mes premiers exploits avaient permis qu'on se fît de moi ; 6. J'éviterai votre vue, le fait de vous voir. 7. A l'occasion du sacrifice que vous allez célébrer. *Var.* : « Je la veux éviter, mêmes au sacrifice » (1643-1656) ; 8. *Pour vous* : en votre faveur ; 9. Se contentant de ma ruine ; 10. *Heur* : voir vers 99 et la note.

— QUESTIONS —

● VERS 551-564. Quel effet quasi magique produit le mot *gloire* ? Par ce mot, Pauline n'entend-elle que sa réputation (voir vers 1403-1410) ? Quelle double décision héroïque prennent les personnages (vers 555-564) ? Montrez que Sévère y est fidèle au style précieux (vers 560, en particulier). — En quoi la décision prise par chacun des deux personnages est-elle conforme à sa conception du devoir ?

PAULINE

Je dépendais d'un père.

SÉVÈRE

570 O devoir* qui me perd et qui me désespère!
Adieu, trop vertueux* objet[1] et trop charmant.

PAULINE

Adieu, trop malheureux et trop parfait amant.

SCÈNE III. — PAULINE, STRATONICE.

STRATONICE

Je vous ai plaints tous deux, j'en verse encor des larmes;
Mais du moins votre esprit est hors de ses alarmes :
575 Vous voyez clairement que votre songe est vain :
Sévère ne vient pas la vengeance à la main[2].

PAULINE

Laisse-moi respirer du moins, si tu m'as plainte;
Au fort de ma douleur tu rappelles[3] ma crainte;
Souffre[4] un peu de relâche à mes esprits troublés,
580 Et ne m'accable point par des maux redoublés.

―――
1. *Objet :* voir vers 495 et la note; 2. Voir vers 222; 3. Tu fais renaître; 4. Accorde.

━━━━━━ QUESTIONS ━━━━━━

● VERS 565-572. Dans ces adieux, montrez que le duo reprend en écho les vers 545-550. Quelle autre nuance s'y marque? Soulignez la noblesse des vœux exprimés aux vers 565-568 et leur harmonie, d'une part avec les sentiments qu'éprouvent Pauline et Sévère l'un pour l'autre et, d'autre part, avec la situation.

■ SUR L'ENSEMBLE DE LA SCÈNE II. — La courbe dramatique de cette scène : la situation au début et à la fin. Les étapes de la progression vers la décision finale : qui des deux personnages a, d'un bout à l'autre, gardé l'initiative?

— L'évolution de Sévère : montrez que sa décision n'est pas seulement dictée par son amour pour Pauline, mais qu'entraîné par l'héroïsme de Pauline il finit par adhérer à sa volonté par un choix librement consenti. Y a-t-il d'ailleurs une autre solution si Pauline et Sévère veulent rester dignes de leur estime mutuelle?

— L'héroïsme de Pauline : montrez sa lucidité, sa force d'âme, son humanité.

— La valeur esthétique de cette scène : le rôle du lyrisme. Le pathétique de l'incompréhension, celui de l'effort héroïque sur soi.

66 — *POLYEUCTE*

STRATONICE

Quoi? vous craignez encor?

PAULINE

Je tremble, Stratonice;
Et, bien que je m'effraye avec peu de justice,
Cette injuste[1] frayeur sans cesse reproduit
L'image des malheurs que j'ai vus cette nuit.

STRATONICE

585 Sévère est généreux*.

PAULINE

Malgré sa retenue,
Polyeucte sanglant frappe toujours ma vue.

STRATONICE

Vous voyez ce rival faire des vœux pour lui[2].

PAULINE

Je crois même au besoin[3] qu'il serait son appui;
Mais soit[4] cette croyance ou fausse ou véritable,
590 Son séjour en ce lieu m'est toujours redoutable;
A quoi que sa vertu* puisse le disposer,
Il est puissant, il m'aime, et vient pour m'épouser.

SCÈNE IV. — POLYEUCTE, NÉARQUE, PAULINE, STRATONICE.

POLYEUCTE

C'est trop verser de pleurs : il est temps qu'ils tarissent,
Que votre douleur cesse, et vos craintes finissent[5];

---

1. *Injuste* : injustifiée; 2. *Var.* : « Vous-même êtes témoin des vœux qu'il fait pour lui » (1643-1656); 3. *Au besoin* : dans le besoin, dans le danger. (Voir aussi vers 677.) L'expression se rattache à *qu'il serait son appui*; 4. Que cette croyance soit...; ellipse de *que*. Tour fréquent; 5. Au subjonctif, comme *cesse*.

QUESTIONS

■ SUR LA SCÈNE III. — Utilité dramatique de cette scène. Comment le songe se trouve-t-il réintroduit dans la pièce? Comment son inanité apparente est-elle mise en relief en même temps que son rappel renouvelle sa menace?

— En quoi cette scène maintient-elle la tension tragique? De quelle manière Corneille nous prépare-t-il à l'attitude future de Sévère (vers 585 et 588)? L'heureuse alliance d'éléments rassurants et inquiétants.

ACTE II. Scène IV — 67

⁵⁹⁵ Malgré les faux avis par vos dieux envoyés,
Je suis vivant, madame, et vous me revoyez.

PAULINE

Le jour est encor long, et, ce qui plus[1] m'effraie,
La moitié de l'avis se trouve déjà vraie :
J'ai cru Sévère mort, et je le vois ici.

POLYEUCTE

⁶⁰⁰ Je le sais; mais enfin j'en prends peu de souci.
Je suis dans Mélitène, et quel que soit Sévère,
Votre père y commande, et l'on m'y considère;
Et je ne pense pas qu'on puisse avec raison*
D'un cœur* tel que le sien[2] craindre une trahison.
⁶⁰⁵ On m'avait assuré qu'il vous faisait visite,
Et je venais lui rendre un honneur* qu'il mérite.

PAULINE

Il vient de me quitter assez[3] triste et confus;
Mais j'ai gagné sur lui[4] qu'il ne me verra plus.

POLYEUCTE

Quoi! vous me soupçonnez déjà de quelque ombrage[5] ?

PAULINE

⁶¹⁰ Je ferais à tous trois un trop sensible outrage[6].
J'assure mon repos, que troublent ses regards.
La vertu* la plus ferme évite les hasards[7] :
Qui s'expose au péril veut bien trouver sa perte,
Et, pour vous en parler avec une âme* ouverte,
⁶¹⁵ Depuis qu'un vrai mérite[8] a pu nous enflammer*,
Sa présence toujours a droit[9] de nous charmer*.
Outre qu'on doit rougir de s'en[10] laisser surprendre,
On souffre à résister, on souffre à s'en défendre;

---

1. *Plus* : davantage; 2. Celui de Sévère; 3. *Assez* : très; 4. J'ai obtenu de lui; 5. *Ombrage* : soupçon jaloux; 6. Je ferais (si je vous soupçonnais) un outrage à tous trois (à vous, Polyeucte, à Sévère et à moi); 7. De se hasarder, de courir des dangers; 8. Dès lors qu'un vrai mérite; 9. Peut prétendre à; 10. Par le mérite.

QUESTIONS

● Vers 593-604. La tranquillité de Polyeucte : comment s'exprime-t-elle? Son fondement religieux (vers 595). Le contraste avec l'inquiétude de Pauline : quel effet en résulte? — L'utilité de l'indication contenue dans le vers 597; le naturel avec lequel elle est donnée. — Sur quel ton s'exprime Polyeucte (vers 600-604)? D'où vient son préjugé favorable à l'égard de Sévère (vers 603-604)?

68 — *POLYEUCTE*

Et bien que la vertu* triomphe de ces feux,
620 La victoire est pénible, et le combat honteux.

POLYEUCTE

O vertu* trop parfaite, et devoir* trop sincère,
Que vous devez coûter de regrets à Sévère!
Qu'aux dépens d'un beau feu vous me rendez heureux,
Et que vous êtes doux à mon cœur* amoureux!
625 Plus je vois mes défauts et plus je vous contemple,
Plus j'admire[1]...

Scène V. — POLYEUCTE, PAULINE, NÉARQUE, STRATONICE, CLÉON.

CLÉON

Seigneur, Félix vous mande au temple :
La victime est choisie, et le peuple à genoux[2],
Et pour sacrifier on n'attend plus que vous.

POLYEUCTE

Va, nous allons te suivre. Y venez-vous, madame?

PAULINE

630 Sévère craint ma vue, elle irrite[3] sa flamme* :
Je lui tiendrai parole, et ne veux plus le voir.
Adieu : vous l'y verrez; pensez à son pouvoir,
Et ressouvenez-vous que sa valeur* est grande.

---

1. Je m'étonne...; 2. Inexactitude : les païens ne s'agenouillaient pas pendant les sacrifices; 3. *Irriter* : voir vers 544 et la note.

─────── **QUESTIONS** ───────

● Vers 605-626. Qu'y a-t-il d'insolite dans cette scène conjugale? Quel sentiment affleure dans le *déjà* du vers 609? Quel est le surprenant reproche que fait Polyeucte? Par quels arguments Pauline lui réplique-t-elle? N'en est-il pas d'inattendus? — Quelle qualité commune aux deux personnages, et cultivée par eux comme une vertu, permet cette *ouverture d'âme* (vers 614) et cette situation singulière? — Montrez l'insistance de Pauline, en toute occasion, sur sa franchise : rapprochez le vers 614 du vers 463 et de la réaction de Pauline devant le silence de son mari (vers 116-117). — Complétez le vers 626.

■ Sur l'ensemble de la scène IV. — Où en est, après cette scène, le développement de l'action? Les adieux de Pauline et de Sévère, le retour de Polyeucte n'ont-ils pas écarté tous les dangers de conflits tragiques? En quoi cette scène va-t-elle rendre particulièrement sensible le prochain « coup de foudre » de la grâce?

POLYEUCTE

Allez, tout son crédit n'a rien que j'appréhende ;
635 Et comme je connais sa générosité*,
Nous ne nous combattrons que de civilité.

Scène VI. — POLYEUCTE, NÉARQUE.

NÉARQUE

Où pensez-vous aller ?

POLYEUCTE

Au temple, où l'on m'appelle.

NÉARQUE

Quoi ? vous mêler aux vœux d'une troupe infidèle[1] !
Oubliez-vous déjà que vous êtes chrétien ?

POLYEUCTE

640 Vous, par qui je le suis, vous en souvient-il bien ?

NÉARQUE

J'abhorre les faux dieux.

POLYEUCTE

Et moi, je les déteste[2].

---

1. *D'infidèles*, de païens ; 2. *Détester* : maudire solennellement.

QUESTIONS

■ Sur la scène V. — La décision de Polyeucte d'aller au sacrifice n'est-elle pas un peu surprenante ? Son attitude à l'égard de Sévère. Pourquoi ne révèle-t-il pas à Pauline son baptême ?
— Intérêt dramatique de cette scène.

● Vers 637-643. Montrez que l'intention que Polyeucte révèle ici est absolument inattendue, pour Néarque comme pour le spectateur.
— L'effet considérable que produit ainsi le dramaturge ne soulève-t-il pas une grave difficulté ? A quel moment exact Polyeucte a-t-il conçu son projet ? Si c'est dès avant la scène IV, les propos rassurants qu'il adresse à Pauline, et surtout l'invitation à le suivre (vers 629) ne risquent-ils pas de paraître odieux ? Si c'est au moment où il est invité à se rendre au temple, comment expliquer les vers 634-636 ? Ne peut-on pas, dès lors, supposer que c'est la verte réprimande de Néarque (vers 637) qui déclenche chez Polyeucte une brusque prise de conscience et l'illumination de la grâce (vers 640) ? Discutez ce point. Ne peut-on, en tout cas, reprocher à Corneille une certaine négligence de dramaturgie ?

70 — *POLYEUCTE*

NÉARQUE

Je tiens leur culte impie[1].

POLYEUCTE

Et je le tiens funeste.

NÉARQUE

Fuyez donc leurs autels.

POLYEUCTE

Je les veux renverser,
Et mourir dans leur temple, ou les y terrasser[2].
645 Allons, mon cher Néarque, allons aux yeux des hommes
Braver l'idolâtrie et montrer qui nous sommes.
C'est l'attente du ciel, il nous la faut remplir ;
Je viens de le[3] promettre, et je vais l'accomplir.
Je rends grâces au Dieu que tu m'as fait connaître
650 De cette occasion qu'il a sitôt fait naître,
Où déjà sa bonté, prête à me couronner,
Daigne éprouver la foi* qu'il vient de me donner.

NÉARQUE

Ce zèle* est trop ardent, souffrez qu'il se modère.

POLYEUCTE

On n'en peut avoir trop pour le Dieu qu'on révère.

NÉARQUE

655 Vous trouverez la mort.

POLYEUCTE

Je la cherche pour lui.

NÉARQUE

Et si ce[4] cœur* s'ébranle[5] ?

POLYEUCTE

Il[6] sera mon appui.

---

1. Je tiens leur culte pour impie ; 2. *Var.* : « Et mourir dans leur temple, ou bien les en chasser » (1643-1656) ; 3. De braver l'idolâtrie et de se montrer chrétien. Il l'a promis en se faisant baptiser (entre la fin de l'acte premier et le début de l'acte II) ; 4. Votre ; 5. Valeur de passif : « est ébranlée » ; 6. *Il* : Dieu.

QUESTIONS

● Vers 643-652. L'exhortation de Polyeucte à Néarque : soulignez la brusquerie impérieuse de cette invitation. Montrez que l'on peut voir là l'effet brutal et intransigeant de la grâce.

NÉARQUE

Il ne commande point que l'on s'y[1] précipite.

POLYEUCTE

Plus elle est volontaire et plus elle mérite.

NÉARQUE

Il suffit, sans chercher[2], d'attendre et de souffrir.

POLYEUCTE

660 On souffre avec regret quand on n'ose s'offrir[3].

NÉARQUE

Mais dans ce temple enfin[4] la mort est assurée.

POLYEUCTE

Mais dans le ciel déjà la palme[5] est préparée.

NÉARQUE

Par une sainte vie il faut la mériter.

POLYEUCTE

Mes crimes, en vivant[6], me la pourraient ôter.
665 Pourquoi mettre au hasard[7] ce que la mort assure?
Quand elle ouvre le ciel, peut-elle sembler dure?
Je suis chrétien, Néarque, et le suis tout à fait;
La foi* que j'ai reçue aspire à son effet[8].
Qui fuit croit lâchement et n'a qu'une foi* morte.

NÉARQUE

670 Ménagez votre vie, à Dieu même elle importe[9].
Vivez pour protéger les chrétiens en ces lieux.

POLYEUCTE

L'exemple de ma mort les fortifiera mieux.

NÉARQUE

Vous voulez donc mourir?

POLYEUCTE

     Vous aimez donc à vivre?

---

1. Dans la mort; 2. Chercher la mort. Emploi rare du verbe pris absolument;
3. C'est proprement l'oblation du martyr; langage mystique; 4. Mais enfin;
5. La récompense du martyre; 6. Si je vivais; si je continuais de vivre; 7. Exposer
au danger; 8. A se manifester par des actes; 9. *Var.* : « Voyez que votre vie à
Dieu mêmes importe » (1643-1656).

72 — *POLYEUCTE*

NÉARQUE

Je ne puis déguiser que j'ai peine à vous suivre :
675 Sous l'horreur des tourments[1] je crains de succomber.

POLYEUCTE

Qui marche assurément[2] n'a point peur de tomber :
Dieu fait part, au besoin[3], de sa force infinie.
Qui craint de le nier dans son âme* le nie[4]
Il croit le pouvoir faire[5] et doute de sa foi*.

NÉARQUE

680 Qui n'appréhende rien présume trop de soi.

POLYEUCTE

J'attends tout de sa grâce*, et rien de ma faiblesse.
Mais loin de me presser[6], il faut que je vous presse!
D'où vient cette froideur?

NÉARQUE

Dieu même a craint la mort[7].

POLYEUCTE

Il s'est offert[8] pourtant : suivons ce saint effort;
685 Dressons-lui des autels sur des monceaux d'idoles.
Il faut (je me souviens encor de vos paroles)
Négliger, pour lui plaire, et femme, et biens, et rang,
Exposer pour sa gloire* et verser tout son sang[9].

---

1. *Tourments :* voir vers 82 et la note; 2. *Assurément :* avec assurance; 3. Quand il en est besoin; 4. *Nier :* renier; 5. Il croit (il considère) qu'il est capable de le renier; 6. Bien loin que vous me pressiez; construction fort libre. Polyeucte se souvient de la scène première de l'acte premier; 7. Au mont des Oliviers, selon les récits évangéliques; 8. Voir vers 660; 9. Polyeucte cite textuellement les paroles de Néarque, vers 75-76.

QUESTIONS

● VERS 653-683. La résistance de Néarque : énumérez les arguments que celui-ci oppose successivement à l'invitation de son ami. Montrez que, par certains de ces arguments, il joue auprès de Polyeucte le rôle de tentateur. En définitive, à quel motif très humain se réduit la résistance de Néarque (vers 675)? N'y a-t-il pas, à côté de la faiblesse humaine, des arguments sérieux et louables (vers 663, 670-671)? — Quelles sont les deux conceptions de la sainteté qui s'opposent dans ce dialogue? En quoi celle de Néarque est-elle conforme à certains enseignements de l'Église, qui considère que le martyre n'est pas accessible à tous les chrétiens? — Montrez que, parallèlement à la crainte de la mort chez Néarque, on trouve chez Polyeucte la peur de ne pas mener une vie sans reproche (vers 664-666). — L'importance du vers 682, quand on se rappelle la scène première de l'acte premier.

REPRÉSENTATION DE *POLYEUCTE* PAR LA TROUPE DE LA
COMÉDIE-FRANÇAISE AU THÉÂTRE ANTIQUE D'ORANGE

74 — *POLYEUCTE*

Hélas! qu'avez-vous fait de cette amour parfaite
690 Que vous me souhaitiez, et que je vous souhaite?
S'il vous en¹ reste encor, n'êtes-vous point jaloux
Qu'à grand'peine² chrétien, j'en montre plus que vous?

NÉARQUE

Vous sortez du baptême, et ce qui vous anime,
C'est sa grâce* qu'en vous n'affaiblit aucun crime;
695 Comme encor toute entière³ elle agit pleinement,
Et tout semble possible à son feu véhément;
Mais cette même grâce*, en moi diminuée,
Et par mille péchés sans cesse exténuée⁴,
Agit aux grands effets⁵ avec tant de langueur
700 Que tout semble impossible à son peu de vigueur.
Cette indigne mollesse⁶ et ces lâches défenses⁷
Sont des punitions qu'attirent mes offenses⁸;
Mais Dieu, dont on ne doit jamais se défier,
Me donne votre exemple à me fortifier⁹!
705 Allons, cher Polyeucte, allons aux yeux des hommes
Braver l'idolâtrie et montrer qui nous sommes¹⁰.
Puissé-je vous donner l'exemple de souffrir,
Comme vous me donnez celui de vous offrir¹¹!

POLYEUCTE

A cet heureux transport¹² que le ciel vous envoie,
710 Je reconnais Néarque, et j'en pleure de joie.
Ne perdons plus de temps : le sacrifice est prêt;

---

1. Renvoit à *cette amour*; 2. A peine, tout juste; 3. Vu qu'elle est encore tout entière; 4. *Exténuée* : affaiblie; 5. Pour les grandes manifestations, réalisations; 6. L'indigne mollesse dont je fais montre; 7. *Défenses* : façons de se défendre, de se dérober; 8. Mes offenses à Dieu, mes péchés; 9. Pour me fortifier; 10. Reprise textuelle des termes dont s'est servi Polyeucte, vers 646; 11. Voir vers 660 et 684; 12. *Transport* : mouvement, élan de l'âme.

──── QUESTIONS ────

● Vers 684-692. La transfiguration de Polyeucte : qu'est-ce qui, psychologiquement, distingue le Polyeucte actuel de celui de l'acte premier? Ne peut-on parler, chez lui, d'un second visage, et aussi d'un second langage? — A quels vers de la scène première de l'acte premier font allusion les vers 686-688?

● Vers 693-708. Néarque énonce ici une théorie de la grâce : précisez-la. Ne peut-elle pas sembler extérieure à l'action? Pourtant n'est-ce pas cette méditation doctrinale qui autorise le revirement de Néarque? Ne nous permet-elle pas de caractériser la nature de son âme? — Rapprochez l'élan du vers 705 de celui du vers 645. Que veut marquer cette identité d'expression?

Allons-y du vrai Dieu soutenir l'intérêt;
Allons fouler aux pieds ce foudre[1] ridicule
Dont arme un bois pourri ce peuple[2] trop crédule;
715 Allons en[3] éclairer l'aveuglement fatal;
Allons briser ces dieux de pierre et de métal :
Abandonnons nos jours à cette ardeur* céleste[4],
Faisons triompher Dieu : qu'il dispose du reste!

NÉARQUE

Allons faire éclater sa gloire* aux yeux de tous
720 Et répondre avec zèle* à ce qu'il veut de nous[5].

1. Il s'agit de l'attribut de Jupiter; 2. Dont ce peuple arme un bois pourri; c'est-à-dire une statue de bois pourri; 3. De ce peuple; 4. *Céleste :* inspiré par le ciel; 5. *Var. :* « Allons mourir pour lui, comme il est mort pour nous » (1643).

QUESTIONS

● VERS 709-720. Comment se marque l'enthousiasme de Polyeucte? La transfiguration de l'héroïsme guerrier en héroïsme sacré : quand il livrait bataille aux ennemis de son pays, Polyeucte avait-il le même mépris de ses ennemis? Sa confiance totale en la Providence divine.
— Comment Néarque se retrouve-t-il emporté par l'élan de Polyeucte?

■ SUR L'ENSEMBLE DE LA SCÈNE VI. — Montrez que dans cette scène la situation est exactement l'inverse de celle de la scène première du premier acte. Polyeucte, lui-même, ne le souligne-t-il pas (vers 687-688)?
— Montrez que Polyeucte entend non seulement témoigner de sa foi (être un martyr), mais aussi mener une véritable propagande par la violence (vers 685, 716 notamment).
— Y a-t-il, chez Néarque, le moindre doute, la moindre réfutation à l'égard de la légitimité d'une pareille entreprise? Tout le christianisme de Polyeucte et de Néarque ne tient-il pas dans l'appel et dans l'illumination directe de la grâce, indépendamment de l'Église et de ses ministres? Au XVIIe siècle, Godeau, évêque de Vence, et tout l'Hôtel de Rambouillet s'élèveront contre le « zèle indiscret » de Polyeucte; au XVIIIe siècle, Voltaire parlera de « fanatisme » : qu'en pensez-vous? Ne faut-il pas tenir compte des circonstances historiques dans lesquelles l'action se déroule ici?
— Appréciez, du point de vue esthétique, l'illumination sur laquelle se terminent la scène et l'acte.

■ SUR L'ENSEMBLE DE L'ACTE II. — Comment l'action a-t-elle évolué? Le problème propre à Pauline ne semble-t-il pas héroïquement résolu (scène II)? — Quant à celui que se posait Polyeucte, ne semble-t-il pas dépassé par la transfiguration de la grâce (scène VI)? Où réside maintenant la possibilité d'un conflit tragique? De quels personnages ce conflit peut-il surgir?
— Montrez l'accélération du temps dans cet acte : à partir de quelle scène? Quel événement en est la cause, ou du moins l'origine?
— L'héroïsme dans cet acte : montrez que deux personnages dépassent les autres et les entraînent par leurs arguments et, plus encore, par leurs actions. Pourquoi cette « émulation héroïque » peut-elle réussir?

ACTE III

Scène première. — PAULINE.

Que de soucis flottants, que de confus nuages
Présentent à mes yeux d'inconstantes images!
Douce tranquillité, que je n'ose espérer,
Que ton divin rayon tarde à les éclairer!
725 Mille agitations, que mes troubles produisent,
Dans mon cœur* ébranlé tour à tour se détruisent;
Aucun espoir n'y coule où j'ose persister;
Aucun effroi n'y règne où j'ose m'arrêter[1].
Mon esprit, embrassant tout ce qu'il s'imagine,
730 Voit[2] tantôt mon bonheur*, et tantôt ma ruine,
Et suit leur vaine idée avec si peu d'effet[3]
Qu'il ne peut espérer ni craindre tout à fait.
Sévère incessamment[4] brouille ma fantaisie[5] :
J'espère en sa vertu*; je crains sa jalousie;
735 Et je n'ose penser que d'un œil bien égal[6]
Polyeucte en ces lieux puisse voir son rival.
Comme entre deux rivaux la haine est naturelle,
L'entrevue aisément se termine en querelle :
L'un voit aux mains d'autrui ce qu'il croit mériter,
740 L'autre un désespéré qui peut trop attenter[7].
Quelque haute raison* qui règle leur courage[8],
L'un conçoit de l'envie, et l'autre de l'ombrage;
La honte d'un affront que chacun d'eux croit voir
Ou de nouveau reçue, ou prête à recevoir[9],
745 Consumant dès l'abord toute leur patience,
Forme de la colère et de la défiance;
Et, saisissant ensemble et l'époux et l'amant,
En dépit d'eux les livre à leur ressentiment.
Mais que je me figure une étrange chimère,

---

1. *Var.* : (vers 725-728) :

   « Mille pensers divers, que mes troubles produisent
   Dans mon cœur incertain à l'envi se détruisent;
   Nul espoir ne me flatte où j'ose persister;
   Nulle peur ne m'afflige où j'ose m'arrêter » (1643-1656);

2. *Var.* : « veut » au lieu de *voit* (1643); 3. *Var.* : « L'un et l'autre le frappe avec si peu d'effet » (1643-1656); 4. *Incessamment* : continuellement, sans cesse;
5. *Fantaisie* : imagination; 6. *Egal* : impartial, neutre; 7. *Attenter*, employé absolument : commettre des attentats, des actes destinés à nuire. *Var.* : « L'autre un désespéré qui le lui veut ôter » (1643-1656); 8. Leur cœur, leurs sentiments;
9. Sur le point d'être reçue.

750 Et que je traite mal Polyeucte et Sévère!
Comme si la vertu* de ces fameux rivaux
Ne pouvait s'affranchir de ces communs défauts!
Leurs âmes* à tous deux d'elles-mêmes maîtresses
Sont d'un ordre trop haut pour de telles bassesses.
755 Ils se verront au temple en hommes généreux*;
Mais las! ils se verront, et c'est beaucoup pour eux.
Que sert à mon époux d'être dans Mélitène[1],
Si contre lui Sévère arme l'aigle romaine,
Si mon père y commande[2], et craint ce favori,
760 Et se repent déjà du choix de mon mari[3]?
Si peu[4] que j'ai d'espoir ne luit qu'avec contrainte[5] :
En naissant il avorte et fait place à la crainte;
Ce qui doit l'affermir sert à le dissiper.
Dieux! faites que ma peur puisse enfin se tromper!

Scène II. — PAULINE, STRATONICE.

PAULINE

765 Mais sachons-en l'issue[6]. Eh bien! ma Stratonice,
Comment s'est terminé ce pompeux sacrifice?
Ces rivaux généreux* au temple se sont vus?

STRATONICE

Ah! Pauline!

PAULINE

Mes vœux ont-il été déçus?
J'en vois sur ton visage une mauvaise marque[7].
770 Se sont-ils querellés?

---

1. Voir vers 601; 2. Voir vers 602; 3. Du choix qu'il a fait en me donnant Polyeucte pour mari; 4. Le peu que; 5. Que si je l'y force; 6. L'issue de l'événement. Pauline prononce ces mots en apercevant Stratonice; 7. Un signe inquiétant.

QUESTIONS

■ SUR LA SCÈNE PREMIÈRE. — La composition de ce monologue.
— L'alternance d'espoir et de désespoir : comment se marque le revirement de l'un à l'autre (voir vers 749 et 756)?
— Quel danger Pauline redoute-t-elle dans son angoisse? Pourquoi est-ce la rivalité des deux hommes qui la préoccupe? Comment reprend-elle les éléments rassurants (vers 757-760), que lui a donnés Polyeucte (voir vers 600-606)?
— Le pathétique de cette attente anxieuse n'est-il pas renforcé par la connaissance qu'a le spectateur du dessein de Polyeucte et de Néarque?
— L'utilité dramatique de ce monologue. L'importance de sa place en début d'acte.

78 — *POLYEUCTE*

STRATONICE

Polyeucte, Néarque,
Les chrétiens...

PAULINE

Parle donc : les chrétiens...

STRATONICE

Je ne puis.

PAULINE

Tu prépares mon âme* à d'étranges ennuis[1].

STRATONICE

Vous n'en[2] sauriez avoir une plus juste cause.

PAULINE

L'ont-ils assassiné?

STRATONICE

Ce serait peu de chose.
775 Tout votre songe est vrai, Polyeucte n'est plus...

PAULINE

Il est mort!

STRATONICE

Non, il vit; mais ô pleurs superflus!
Ce courage[3] si grand, cette âme* si divine,
N'est plus digne du jour, ni digne de Pauline.
Ce n'est plus cet époux si charmant* à vos yeux;
780 C'est l'ennemi commun de l'État et des dieux,
Un méchant, un infâme, un rebelle, un perfide,
Un traître, un scélérat, un lâche, un parricide[4],
Une peste[5] exécrable à tous les gens de bien,

---

1. *Ennuis* : tourments, sens très fort dans la langue classique; 2. *D'ennuis*; 3. *Courage* : cœur; 4. *Parricide* : au sens large : « auteur d'un crime énorme et dénaturé » (définition donnée par Vaugelas); 5. *Peste* : fléau. Le mot était beaucoup moins familier qu'aujourd'hui.

QUESTIONS

● VERS 765-774. Sous quelle apparence Pauline essaie-t-elle de cacher son inquiétude? D'où vient l'effet tragique? — Dans quel état physique et moral se trouve Stratonice (vers 770 et 771)? La puissance de l'effet théâtral qu'en tire Corneille; montrez-en la progression jusqu'au vers 776. — Corneille n'a-t-il pas déjà utilisé ce procédé à l'acte précédent (acte II, scène première)?

Un sacrilège impie : en un mot, un chrétien.

PAULINE

785 Ce mot aurait suffi sans ce torrent d'injures.

STRATONICE

Ces titres aux[1] chrétiens, sont-ce des impostures?

PAULINE

Il est ce que tu dis, s'il embrasse leur foi*;
Mais il est mon époux, et tu parles à moi.

STRATONICE

Ne considérez plus que le Dieu qu'il adore.

PAULINE

790 Je l'aimai par devoir* : ce devoir* dure encore.

STRATONICE

Il vous donne à présent sujet de le haïr :
Qui trahit tous nos dieux aurait pu vous trahir.

PAULINE

Je l'aimerais encor, quand il m'aurait trahie;
Et si de tant d'amour tu peux être ébahie[2],
795 Apprends que mon devoir* ne dépend point du sien :
Qu'il y manque, s'il veut; je dois faire le mien.
Quoi? s'il aimait ailleurs, serais-je dispensée[3]
A suivre, à son exemple, une ardeur* insensée?

---

1. Appliqués aux chrétiens; 2. *Ebahi* : stupéfait. Dans la première moitié du XVIIe siècle, le mot s'emploie dans le style élevé; 3. *Dispensée* : autorisée.

— QUESTIONS —

● Vers 775-784. Soulignez le choc des vers 775-776 : le quiproquo prête-t-il à sourire? Quel sentiment profond ce cri du cœur révèle-t-il? — La progression des injures dans les vers 780-784. Comparez l'indignation de Stratonice ici avec les vers 257-264. Comment s'explique cette variation? Ces excès de langage ne sont-ils pas choquants, s'adressant à Pauline et venant de sa suivante? Comment peut-on les expliquer?

● Vers 785-800. Comment Pauline accueille-t-elle l'indignation de Stratonice? Soulignez la sobre dignité de sa réponse au vers 785. — Définissez la morale du devoir chez Pauline; rapprochez ce passage des vers 471-479. Qu'entend-elle, au vers 793, par *aimer*? Relevez les formules où, selon une technique chère à Corneille, Pauline condense sa pensée en maximes.

Quelque chrétien qu'il soit, je n'en ai point d'horreur;
800 Je chéris sa personne, et je hais son erreur.
Mais quel ressentiment[1] en témoigne mon père?

STRATONICE

Une secrète rage, un excès de colère,
Malgré qui toutefois un reste d'amitié
Montre pour Polyeucte encor quelque pitié.
805 Il ne veut point sur lui faire agir sa justice,
Que[2] du traître Néarque il n'ait vu le supplice.

PAULINE

Quoi? Néarque en est donc[3]?

STRATONICE

                      Néarque l'a séduit[4] :
De leur vieille amitié c'est là l'indigne fruit.
Ce perfide tantôt, en dépit de lui-même[5],
810 L'arrachant de vos bras, le traînait au baptême.
Voilà ce grand secret et si mystérieux
Que n'en pouvait tirer votre amour curieux.

PAULINE

Tu me blâmais alors d'être trop importune[6].

STRATONICE

Je ne prévoyais pas une telle infortune.

PAULINE

815 Avant qu'abandonner mon âme* à mes douleurs,
Il me faut essayer la force de mes pleurs :
En qualité de femme ou de fille, j'espère
Qu'ils vaincront un époux ou fléchiront un père.
Que si[7] sur l'un et l'autre ils manquent de pouvoir,

---

1. *Ressentiment* : se dit alors de toute réaction favorable ou défavorable qu'on éprouve en retour d'un événement; 2. Avant que; 3. Même locution, dans *Cinna*, vers 1563, où il s'agit aussi d'un complot, d'un « parricide » : « Votre Emilie en est, Seigneur »; 4. *Séduire* : détourner du droit chemin; 5. Contre le gré de Polyeucte; 6. Voir vers 139 et suivants; 7. Et si. *Que* n'est qu'un renforcement de *si*.

QUESTIONS

● VERS 801-814. Pourquoi Pauline s'inquiète-t-elle en tout premier lieu de la réaction de son père (vers 801)? Entrevoit-elle déjà le problème politique que celui-ci doit affronter? Dégagez (vers 807 et 813) les deux traits qui marquent, avec réalisme, que la grandeur d'âme de Pauline n'exclut pas d'autres mouvements très humains.

820 Je ne prendrai conseil que de mon désespoir[1].
Apprends-moi cependant ce qu'ils ont fait au temple.

STRATONICE

C'est une impiété[2] qui n'eut jamais d'exemple ;
Je ne puis y penser sans frémir à l'instant,
Et crains de faire un crime en vous la racontant.
825 Apprenez en deux mots leur brutale[3] insolence.
  Le prêtre avait à peine obtenu du silence,
Et devers l'orient assuré son aspect[4],
Qu'ils ont fait éclater leur manque de respect[5] :
A chaque occasion de la cérémonie,
830 A l'envi l'un et l'autre étalait sa manie[6],
Des mystères sacrés hautement se moquait,
Et traitait de mépris[7] les dieux qu'on invoquait.
Tout le peuple en murmure, et Félix s'en offense ;
Mais tous deux s'emportant à plus d'irrévérence :
835 « Quoi ? lui dit Polyeucte en élevant sa voix,
Adorez-vous des dieux ou de pierre ou de bois ? »
Ici dispensez-moi du récit des blasphèmes
Qu'ils ont vomis tous deux contre Jupiter mêmes[8].
L'adultère et l'inceste en étaient les plus doux.
840 « Oyez, dit-il ensuite, oyez, peuple, oyez tous[9].
Le Dieu de Polyeucte et celui de Néarque
De la terre et du ciel est l'absolu monarque,
Seul être indépendant, seul maître du destin,
Seul principe éternel et souveraine fin[10].
845 C'est ce Dieu des chrétiens qu'il faut qu'on remercie
Des victoires qu'il donne à l'empereur Décie ;

---

1. Je n'écouterai plus que mon désespoir ; 2. *Impi-été* (diérèse) ; 3. *Brutal :* grossier, bestial ; 4. Fixé son regard ; 5. *Var. :* « Que l'on s'est aperçu de leur peu de respect » (1643-1656) ; 6. *Manie :* folie ; 7. Avec mépris ; 8. *Mêmes* avec *s* adverbial : orthographe vieillie au XVIIe siècle ; 9. *Var. :* « Oyez, Félix, suit-il, oyez, peuple, oyez tous » (1643-1656) ; 10. *Var.* (vers 843-844) :

« Seul maître du destin, seul être indépendant,
Substance qui jamais ne reçoit d'accident » (1643-1656).

QUESTIONS

● VERS 815-821. Quel est le plan que se trace aussitôt Pauline ? Montrez qu'il y a là une nouvelle marque d'énergie peu commune. Rapprochez cette attitude de celle qui a été prise aux vers 351 et suivants.
— En quoi ce plan rend-il normale et naturelle la question de Pauline qui invite Stratonice à faire un récit en règle ? Imagine-t-elle ce qu'elle va entendre ?

82 — *POLYEUCTE*

Lui seul tient en sa main le succès[1] des combats ;
Il le[2] peut élever, il le peut mettre à bas.
Sa bonté, son pouvoir, sa justice est[3] immense ;
850 C'est lui seul qui punit, lui seul qui récompense.
Vous adorez en vain des monstres impuissants. »
Se jetant à ces mots sur le vin et l'encens,
Après en avoir mis les saints vases par terre,
Sans crainte de Félix, sans crainte du tonnerre,
855 D'une fureur[4] pareille ils courent à l'autel !
Cieux ! a-t-on vu jamais, a-t-on rien vu de tel ?
Du plus puissant des dieux nous voyons la statue
Par une main impie à leurs pieds abattue,
Les mystères troublés, le temple profané,
860 La fuite et les clameurs d'un peuple mutiné[5],
Qui craint d'être accablé sous le courroux céleste.
Félix... Mais le voici qui vous dira le reste.

---

1. *Le succès* : l'issue bonne ou mauvaise ; 2. L'empereur Décie ; 3. Le verbe est accordé avec un seul sujet ; usage fréquent dans la langue classique ; 4. Avec une folie furieuse ; 5. *Mutiné* : révolté (par ce scandale).

QUESTIONS

● Vers 822-862. Analysez la composition rigoureuse de ce récit. Qu'exprime le préambule (vers 822-825) ? Sa vraisemblance psychologique, notamment dans la crainte exprimée au vers 824. — Marquez les étapes successives du déroulement des faits ; soulignez-en la progression. — Montrez que le mot *manie*, dans la bouche de Stratonice (vers 830), est exactement adapté au comportement de Polyeucte et de Néarque décrit aux vers 829-832. Comment les réactions de l'assistance, données pour restituer l'atmosphère, sont-elles fortement liées à l'action (vers 833-834) ? — L'art de l'allusion dans le rappel des blasphèmes (vers 835-839) : pourquoi Stratonice rappelle-t-elle le premier, évoquant seulement les autres ? — Recherchez, dans la harangue scandaleuse des vers 840-851, les éléments du *Credo* des chrétiens, adaptés aux circonstances historiques et au besoin polémique du moment. N'y a-t-il pas là, en même temps, un crime de lèse-majesté (vers 848) ? — Montrez que, dans le récit du sacrilège proprement dit (vers 852-861), les commentaires prennent une place plus grande. Expliquez ce fait par l'énormité de l'acte et par l'émotion scandalisée de Stratonice. — Comment Corneille, contraint d'employer le récit par les règles du théâtre classique, a-t-il su en tirer parti ? Le pathétique de l'action n'est-il pas approfondi par les commentaires et l'émotion de Stratonice ? — D'autre part, montrez comment Corneille, en recourant à un procédé hardi de décalage systématique, a fait ressentir à un public catholique l'indignation d'une païenne devant un sacrilège commis par un chrétien (notamment aux vers 827, 831 et 852-853). Comment, psychologiquement, peut-on justifier que Stratonice ait si bien retenu les paroles de Polyeucte (vers 840-851) ?

PAULINE

Que son visage est sombre et plein d'émotion !
Qu'il montre de tristesse[1] et d'indignation !

Scène III. — FÉLIX, STRATONICE, PAULINE.

FÉLIX

865 Une telle insolence avoir osé paraître !
En public ! à ma vue ! il en mourra, le traître.

PAULINE

Souffrez que votre fille embrasse vos genoux[2].

FÉLIX

Je parle de Néarque, et non de votre époux.
Quelque indigne qu'il soit de ce doux nom de gendre,
870 Mon âme* lui conserve un sentiment plus tendre :
La grandeur de son crime et de mon déplaisir[3]
N'a pas éteint l'amour qui me l'a fait choisir.

PAULINE

Je n'attendais pas moins de la bonté d'un père.

---

1. *Tristesse* : humeur sombre et farouche ; 2. C'est l'attitude rituelle du suppliant ; 3. *Déplaisir* : voir vers 115 et la note.

— QUESTIONS —

● Vers 863-864. Pourquoi Pauline ne fait-elle aucun commentaire sur ce récit ? Comment interpréter ces deux vers ?

■ Sur l'ensemble de la scène ii. — Le mouvement de la scène : comment passe-t-on de l'agitation du début au long récit de la fin ?

— Marquez le progrès décisif que fait l'action tragique dans cette scène. Chaque personnage n'est-il pas désormais mis à l'épreuve de son destin ?

— L'attitude de Pauline dans cette scène : comment a-t-elle expliqué sa ligne de conduite ? Comparez ce qu'elle dit ici avec son monologue qui ouvre l'acte III. La fermeté de sa décision ne prouve-t-elle pas qu'elle se croit supérieure à Polyeucte ?

— Vraisemblance et utilité dramatique de l'arrivée de Félix.

● Vers 865-868. Soulignez la brutalité de cette entrée en scène. Comparez cette entrée avec celle de Félix à la scène iv de l'acte premier. — En quoi les deux exclamations de Félix (vers 866) révèlent-elles le fond de son caractère ? — *Il en mourra, le traître* : analysez les raisons des spectateurs et celles de Pauline pour croire qu'il s'agit de Polyeucte ? Quel est l'effet obtenu par ce quiproquo ? Sa valeur prophétique.

FÉLIX

Je pouvais l'immoler à ma juste colère;
875 Car vous n'ignorez pas à quel comble d'horreur
De son audace impie a monté la fureur;
Vous l'avez pu savoir du moins de Stratonice.

PAULINE

Je sais que de Néarque il doit voir le supplice[1].

FÉLIX

Du conseil[2] qu'il doit prendre il sera mieux instruit
880 Quand il verra punir celui qui l'a séduit[3].
Au spectacle sanglant d'un ami qu'il faut suivre,
La crainte de mourir et le désir de vivre
Ressaisissent une âme* avec tant de pouvoir
Que qui voit le trépas cesse de le vouloir.
885 L'exemple touche plus que ne fait la menace.
Cette indiscrète[4] ardeur* tourne bientôt en glace,
Et nous verrons bientôt son cœur* inquiété[5]
Me demander pardon de tant d'impiété.

PAULINE

Vous pouvez espérer qu'il change de courage[6]?

FÉLIX

890 Aux dépens de Néarque il doit se rendre sage.

---

1. Voir vers 806; 2. *Conseil* : résolution; 3. *Séduire* : voir vers 807 et la note; 4. *Indiscret* : sans discernement, irréfléchi; 5. *Inquiété* : troublé, terrifié; 6. *Var.* (vers 887-889) :

« N'en ayez plus l'esprit si fort inquiété,
Il se repentira de son impiété.

PAULINE

Quoi? Vous espérez donc qu'il change de courage? » (1643-1656).

━━ QUESTIONS ━━

● VERS 869-877. Les nobles sentiments exprimés par Félix dans les vers 871-872 sont-ils sincères? — La réaction de Pauline (vers 873) ne témoigne-t-elle pas que le personnage héroïque attend même grandeur de la part d'autrui? N'y a-t-il pas aussi une part d'expectative dans cette réserve? — Aux vers 874-877, Félix apporte-t-il les éléments concrets de sa générosité attendus par Pauline?

● VERS 878-888. L'acte de « clémence » de Félix : montrez qu'il est limité et n'engage guère la responsabilité de son auteur (vers 879, 888; voir aussi le vers 907). — Appréciez le calcul psychologique de Félix (vers 881-886). — Expliquez la sécheresse des répliques de Pauline.

ACTE III. Scène III — 85

PAULINE

Il le doit; mais hélas! où me renvoyez-vous[1],
Et quels tristes hasards[2] ne court point mon époux,
Si de son inconstance il faut qu'enfin j'espère
Le bien que j'espérais de la bonté d'un père?

FÉLIX

895 Je vous en[3] fais trop voir, Pauline, à consentir[4]
Qu'il évite la mort par un prompt repentir.
Je devais même peine à des crimes semblables;
Et, mettant différence entre ces deux coupables,
J'ai trahi[5] la justice à l'amour paternel;
900 Je me suis fait pour lui moi-même criminel,
Et j'attendais de vous, au milieu de vos craintes,
Plus de remercîments que je n'entends de plaintes.

PAULINE

De quoi remercier qui ne me donne rien?
Je sais quelle est l'humeur et l'esprit d'un chrétien :
905 Dans l'obstination jusqu'au bout il demeure;
Vouloir son repentir, c'est ordonner qu'il meure.

FÉLIX

Sa grâce* est en sa main, c'est à lui d'y rêver[6].

PAULINE

Faites-la toute entière.

FÉLIX

Il la peut achever[7].

PAULINE

Ne l'abandonnez pas aux fureurs[8] de sa secte.

---

1. Quel vain espoir me donnez-vous là?; 2. *Tristes hasards :* funestes dangers; 3. De bonté; 4. En consentant. *Var. :* « Je lui fais trop de grâce encor de consentir » (1643-1656); 5. J'ai sacrifié; 6. D'y songer; 7. Il dépend de lui de l'obtenir tout entière; 8. *Fureurs :* folies.

— QUESTIONS —

● Vers 889-906. N'y a-t-il pas un certain cynisme tranquille dans le vers 890? — Montrez que Pauline connaît bien le caractère de Polyeucte (vers 878, 889). Un certain mépris à l'égard de Félix ne perce-t-il pas au vers 889? L'ironie méprisante du *il le doit* (vers 891). — L'amertume de Félix (vers 895-896 et 901-902) ne nous donne-t-elle pas la mesure du personnage? La dureté du vers 903. Les vers 904-906 ne sont-ils que le développement du vers 889? En quoi le renforcent-ils?

FÉLIX

910 Je l'abandonne aux lois, qu'il faut que je respecte.

PAULINE

Est-ce ainsi que d'un gendre un beau-père est l'appui?

FÉLIX

Qu'il fasse autant pour soi comme je fais pour lui[1].

PAULINE

Mais il est aveuglé.

FÉLIX

　　　　　　　Mais il se plaît à l'être :
Qui chérit son erreur ne la veut pas connaître[2].

PAULINE

915 Mon père, au nom des dieux...

FÉLIX

　　　　　　　　　　Ne les réclamez[3] pas,
Ces dieux dont l'intérêt demande son trépas.

PAULINE

Ils écoutent nos vœux.

FÉLIX

　　　　　　Eh bien! qu'il[4] leur en fasse.

PAULINE

Au nom de l'empereur dont vous tenez la place...

FÉLIX

J'ai son pouvoir en main; mais s'il me l'a commis[5],
920 C'est pour le déployer contre ses ennemis.

PAULINE

Polyeucte l'est-il?

FÉLIX

　　　　　　Tous chrétiens sont rebelles.

PAULINE

N'écoutez point pour lui ces maximes cruelles;
En épousant Pauline il s'est fait votre sang.

FÉLIX

Je regarde sa faute, et ne vois plus son rang.

---

1. Qu'il fasse autant pour lui-même que je fais pour lui; 2. *Connaître* : reconnaître; 3. *Réclamer* : invoquer; 4. *Il* : Polyeucte; 5. *Commettre* : confier.

925 Quand le crime d'État se mêle au sacrilège,
Le sang ni l'amitié n'ont plus de privilège.

PAULINE

Quel excès de rigueur!

FÉLIX

Moindre que son forfait.

PAULINE

O de mon songe affreux trop véritable effet[1] !
Voyez-vous qu'avec lui vous perdez votre fille?

FÉLIX

930 Les dieux et l'empereur sont plus que ma famille.

PAULINE

La perte de tous deux ne vous peut arrêter!

FÉLIX

J'ai les dieux et Décie ensemble à redouter.
Mais nous n'avons encore à craindre rien de triste[2] :
Dans son aveuglement pensez-vous qu'il persiste?
935 S'il nous semblait tantôt courir à son malheur,
C'est d'un nouveau chrétien la première chaleur[3].

PAULINE

Si vous l'aimez encor, quittez cette espérance
Que deux fois en un jour il change de croyance :
Outre que les chrétiens ont plus de dureté[4],

---

1. *Effet* : réalisation; 2. *Triste* : funeste; 3. *Chaleur* : ardeur; 4. *Dureté* : fermeté.

QUESTIONS

● VERS 907-931. Quel est le sens du vers 909? — Sur quel ton Pauline supplie-t-elle son père (notamment au vers 911)? Cette intercession ne prend-elle pas l'allure d'un combat? Comment l'agencement des répliques contribue-t-il à donner cette impression? Quelles sont les valeurs morales que Pauline invoque tour à tour? — Derrière quels devoirs se retranche Félix (vers 925-926, 930)? Relevez les formules dans les répliques de Félix : quelle sorte de grandeur espère-t-il en tirer? Quel effet en espère-t-il sur Pauline? — En définitive, quel argument et quelle menace Pauline brandit-elle contre son père (vers 929-931)?

● VERS 932-936. Comment le vers 932 ruine-t-il subitement toute la grandeur que Félix avait essayé d'accumuler dans ses répliques antérieures? La place du verbe *redouter* est-elle importante? Comment dégage-t-il encore sa responsabilité? — Que montre son incrédulité (vers 934)? Pourquoi s'attache-t-il obstinément à ce vain espoir (raisons psychologiques, raisons morales)?

940 Vous attendez de lui trop de légèreté.
Ce n'est point une erreur avec le lait sucée,
Que sans l'examiner son âme* ait embrassée :
Polyeucte est chrétien parce qu'il l'a voulu,
Et vous portait au temple un esprit résolu.
945 Vous devez présumer de lui comme du reste[1] :
Le trépas n'est pour eux ni honteux ni funeste;
Ils cherchent de la gloire* à mépriser nos dieux[2];
Aveugles pour la terre, ils aspirent aux cieux;
Et croyant que la mort leur en ouvre la porte,
950 Tourmentés[3], déchirés, assassinés, n'importe,
Les supplices leur sont ce qu'à nous les plaisirs,
Et les mènent au but où tendent leurs désirs :
La mort la plus infâme, ils l'appellent martyre.

FÉLIX

Eh bien donc! Polyeucte aura ce qu'il désire :
955 N'en parlons plus.

PAULINE

Mon père...

---

1. Du reste des chrétiens; 2. *Var.* : « les dieux » (1643), « des dieux » (1664);
3. *Tourmentés* : torturés.

—————— QUESTIONS ——————

● VERS 937-953. Pauline prend alors assez longuement la parole : est-ce proprement pour plaider en faveur de Polyeucte? Montrez que sa démonstration a la rigueur d'un syllogisme. — Qu'est-ce que Pauline attend de son père? A quelle épreuve le soumet-elle?

● VERS 954. Félix répond par une sorte de trait d'esprit cruel. N'en a-t-il pas donné un autre exemple dans cette scène (vers 917)? Que masque en fait ce genre de pirouette du personnage? Pourquoi, d'ailleurs, l'entrevue tourne-t-elle court? Pouvait-il en être autrement?

■ SUR L'ENSEMBLE DE LA SCÈNE III. — Les différents mouvements de cette scène; marquez les changements de rythme et de ton qui les accompagnent.

— Comparez la « générosité » de Félix et celle de Pauline. Quel est le degré et quelle est la valeur de leur engagement respectif?

— Il n'a pas été question de Sévère dans cette scène : n'a-t-il aucune importance? Est-ce délicatesse de Félix à l'égard de sa fille?

— Rapprochez l'attitude de Félix du rôle qu'il a dans le songe de Pauline (vers 239-240).

Scène IV. — FÉLIX, ALBIN, PAULINE, STRATONICE.

FÉLIX

Albin, en est-ce fait?

ALBIN

Oui, seigneur, et Néarque a payé son forfait.

FÉLIX

Et notre Polyeucte a vu trancher sa vie?

ALBIN

Il l'a vu, mais, hélas! avec un œil d'envie.
Il brûle de le suivre, au lieu de reculer;
960 Et son cœur* s'affermit, au lieu de s'ébranler.

PAULINE

Je vous le disais bien. Encore un coup[1], mon père,
Si jamais mon respect a pu vous satisfaire,
Si vous l'avez prisé[2], si vous l'avez chéri...

FÉLIX

Vous aimez trop, Pauline, un indigne mari.

PAULINE

965 Je l'ai de votre main : mon amour est sans crime;
Il[3] est de votre choix la glorieuse estime[4];
Et j'ai pour l'accepter éteint le plus beau feu
Qui d'une âme* bien née ait mérité l'aveu[5].

---

1. Voir vers 403 et la note; 2. *Priser* : estimer à son prix; 3. Mon amour; 4. La glorieuse estime de votre choix. *Estime* a ici le sens d' « appréciation »; 5. *Var.* (vers 963-964) :

« Et j'ai, pour l'accepter, éteint les plus beaux feux
Qui d'une âme bien née aient mérité les vœux » (1643-1656).

QUESTIONS

● VERS 955-960. Quel nouvel élément apparaît ici? Montrez l'accélération du rythme dramatique. — Quelle nuance d'affection et d'espoir Félix met-il dans le possessif du vers 957? Comparez avec le vers 964.
— Sommes-nous surpris de la fermeté de Polyeucte? N'y a-t-il pas plus que du courage dans son attitude?

Au nom de cette aveugle et prompte obéissance
970 Que j'ai toujours rendue aux lois de la naissance,
Si vous avez pu tout sur moi, sur mon amour,
Que je puisse sur vous quelque chose à mon tour!
Par ce juste pouvoir à présent trop à craindre,
Par ces beaux sentiments qu'il m'a fallu contraindre,
975 Ne m'ôtez pas vos dons : ils sont chers à mes yeux,
Et m'ont assez coûté pour m'être précieux.

FÉLIX

Vous m'importunez trop : bien que j'aie un cœur* tendre,
Je n'aime la pitié qu'au prix que j'en veux prendre[1];
Employez mieux l'effort de vos justes douleurs :
980 Malgré moi m'en toucher[2], c'est perdre et temps et pleurs;
J'en veux être le maître, et je veux bien qu'on sache
Que je la désavoue alors qu'on me l'arrache[3].
Préparez-vous à voir ce malheureux chrétien,
Et faites votre effort quand j'aurai fait le mien.
985 Allez : n'irritez plus un père qui vous aime,
Et tâchez d'obtenir votre époux de lui-même.
Tantôt jusqu'en ce lieu je le ferai venir;
Cependant quittez-nous, je veux l'[4]entretenir.

---

1. Que dans la mesure où j'en veux bien avoir; 2. Chercher à m'en toucher malgré moi. *En* : de pitié; 3. *Var.* (vers 977-982) :

« Vous m'importunez trop.

PAULINE

Dieux que viens-je d'entendre!

FÉLIX

Je n'aime la pitié qu'au prix que j'en veux prendre.
Par tant de vains efforts malgré moi m'en toucher,
C'est perdre avec le temps des pleurs à me fâcher.
Vous m'en avez donné, mais je veux bien qu'on sache » (1643-1656);

4. *Le* : représente Albin, que Félix désigne d'un geste.

QUESTIONS

● VERS 961-976. En quoi les faits nouveaux renforcent-ils la position de Pauline? — Comment réagit Félix (vers 964)? Montrez : que son jugement exprime le dépit devant l'échec de la solution simpliste qu'il avait espérée; qu'il fait une tentative pour prendre ses distances et ne plus intervenir. — Pauline abandonne-t-elle la partie (vers 965-976)? Montrez qu'en renouvelant sa prière c'est en toute netteté cette fois qu'elle met son père en demeure d'assumer sa responsabilité. Commentez, de ce point de vue, l'admirable vers 976. Étudiez la valeur affective des adjectifs et des pronoms possessifs dans le passage.

ACTE III. Scène V — 91

PAULINE

De grâce, permettez...

FÉLIX

Laissez-nous seuls, vous dis-je :
990 Votre douleur m'offense autant qu'elle m'afflige.
A gagner Polyeucte appliquez tous vos soins;
Vous avancerez plus[1] en m'importunant moins.

Scène V. — FÉLIX, ALBIN.

FÉLIX

Albin, comme est-il mort?

ALBIN

En brutal[2], en impie,
En bravant les tourments, en dédaignant la vie,
995 Sans regret, sans murmure, et sans étonnement[3],
Dans l'obstination et l'endurcissement,
Comme un chrétien, enfin, le blasphème à la bouche.

FÉLIX

Et l'autre?

ALBIN

Je l'ai dit déjà, rien ne le touche.

---

1. Vous réussirez mieux; 2. Comme un être sauvage, un être dépourvu de toute civilisation; 3. *Etonnement :* épouvante.

— QUESTIONS —

● Vers 977-992. Analysez la tactique de Félix : sa feinte incompréhension. — Son développement sur la pitié n'a-t-il pas des accents proprement cornéliens? Expliquez pourquoi ce n'est cependant qu'une parodie du style des vrais héros de Corneille. Comment cet aspect faux s'harmonise-t-il avec le caractère de Félix? Sa nouvelle « générosité » (vers 983-987) : montrez sa parenté avec la première. Pourquoi Félix semble-t-il enfermé dans le cercle d'une seule idée irréalisable? Quelle nouvelle et double épreuve s'annonce ici pour Polyeucte? Importance du vers 984 pour le déroulement futur de l'action.

■ Sur l'ensemble de la scène IV. — En quoi l'action progresse-t-elle : par ce que nous apprenons? par ce que l'on projette de faire? Paraît-il possible d'échapper à un dénouement tragique?

— Montrez qu'ici encore chaque personnage reste fidèle à son caractère et à ses idées.

— Corneille se parodiant lui-même : Félix ne joue-t-il pas les héros d'une façon pitoyable? Montrez ce double aspect.

Loin d'en être abattu, son cœur[1]* en est plus haut;
1000 On l'a violenté pour quitter l'échafaud[2].
Il est dans la prison où je l'ai vu conduire;
Mais vous êtes bien loin encor de le réduire.

FÉLIX

Que je suis malheureux!

ALBIN

Tout le monde vous plaint.

FÉLIX

On ne sait pas les maux dont mon cœur* est atteint.
1005 De pensers sur pensers mon âme* est agitée,
De soucis sur soucis elle est inquiétée;
Je sens l'amour, la haine, et la crainte, et l'espoir,
La joie et la douleur tour à tour l'émouvoir;
J'entre en des sentiments qui ne sont pas croyables :
1010 J'en ai de violents, j'en ai de pitoyables[3],
J'en ai de généreux* qui n'oseraient agir,
J'en ai même de bas, et qui me font rougir.
J'aime ce malheureux que j'ai choisi pour gendre.
Je hais l'aveugle erreur qui le vient de surprendre.
1015 Je déplore sa perte, et, le voulant sauver,
J'ai la gloire* des dieux ensemble[4] à conserver :
Je redoute leur foudre et celui[5] de Décie;
Il y va de ma charge, il y va de ma vie;
Ainsi tantôt pour lui je m'expose au trépas,
1020 Et tantôt je le perds pour ne me perdre pas.

―――――
1. *Cœur* : courage; 2. On a dû user de violence pour qu'il quitte l'échafaud;
3. *Pitoyables* : qui inclinent à la pitié; 4. En même temps; 5. *Foudre* est le plus souvent masculin chez les poètes du XVIIe siècle; le mot est féminin au vers 1131.

――――― **QUESTIONS** ―――――

● VERS 993-1003. Pourquoi, après le départ de Pauline, Félix demande-t-il à Albin un nouveau rapport sur l'exécution de Néarque? Quel est l'intérêt cependant des vers 993-997 pour le spectateur? N'est-ce pas une préfiguration? — Quelle gêne trahit la façon dont Félix désigne Polyeucte : *et l'autre* (vers 998)? Quels détails nouveaux, par rapport aux vers 957-960, nous apportent les vers 998-1002? — Montrez que Félix, à sa façon, est un lyrique et un tendre : il aime se plaindre et se faire plaindre (vers 1003); rapprochez ce passage des vers 317 et 328.

ALBIN

Décie excusera l'amitié d'un beau-père ;
Et d'ailleurs Polyeucte est d'un sang qu'on révère.

FÉLIX

A punir[1] les chrétiens son ordre est rigoureux;
Et plus l'exemple est grand, plus il est dangereux.
1025 On ne distingue[2] point quand l'offense est publique;
Et lorsqu'on dissimule un crime domestique[3],
Par quelle autorité peut-on, par quelle loi,
Châtier en autrui ce qu'on souffre chez soi?

ALBIN

Si vous n'osez avoir d'égard à sa personne,
1030 Écrivez à Décie afin qu'il en ordonne.

FÉLIX

Sévère me perdrait, si j'en usais ainsi :
Sa haine et son pouvoir font mon plus grand souci.
Si j'avais différé de punir un tel crime,
Quoiqu'il soit généreux*, quoiqu'il soit magnanime,
1035 Il est homme, et sensible, et je l'ai dédaigné;
Et de tant de mépris son esprit indigné[4],
Que met au désespoir cet hymen de Pauline,

---

1. Pour qu'on punisse; 2. On ne fait pas de distinction; 3. *Domestique* : dans sa famille; 4. *Var.* : « Et des mépris reçus son esprit indigné » (1634-1656).

QUESTIONS

● VERS 1004-1020. Montrez que la confession de Félix fait apparaître le désordre de ses sentiments, mais aussi un égocentrisme forcené.
— Au milieu du désordre de cette âme, deux thèmes antagonistes ne s'affirment-ils pas cependant (vers 1013 et 1018)? Comparez les craintes de Félix ici à ses maximes exprimées à la scène III de l'acte III. En quoi ce conflit apparente-t-il Félix aux autres héros de la tragédie? Le ton est-il cependant le même? Félix tente-t-il de trouver une solution? Montrez que c'est un inventaire et non un effort de domination. A quel échelon de la hiérarchie morale éclate ce conflit chez lui? Commentez, à cet égard, le vers 1012; utilisez, pour l'éclairer, les vers 1054-1056.
● VERS 1021-1030. Sur quel terrain se fixe désormais la discussion? Est-il encore question de morale? Montrez qu'Albin (vers 1021-1022) et Félix (vers 1023-1028) ne parlent pas le même langage. Précisez comment les vers 1025-1028 éclairent et développent les précédentes confidences : le principe d'équité, qu'invoque Félix, est-il blâmable en soi? — Quelle solution suggère Albin (vers 1029-1030)? Montrez qu'elle s'harmonise avec le caractère de Félix; les deux avantages de cette proposition ne sont-ils pas de différer l'affaire et de reporter sur autrui le soin de trouver une solution?

94 — *POLYEUCTE*

    Du courroux de Décie obtiendrait ma ruine.
    Pour venger un affront tout semble être permis,
1040 Et les occasions tentent les plus remis[1].
    Peut-être, et ce soupçon n'est pas sans apparence[2],
    Il rallume en son cœur* déjà quelque espérance;
    Et, croyant bientôt voir Polyeucte puni,
    Il rappelle un amour à grand'peine banni.
1045 Juge si sa colère, en ce cas implacable,
    Me ferait innocent de sauver un coupable,
    Et s'il m'épargnerait, voyant par mes bontés
    Une seconde fois ses desseins avortés.
    Te dirai-je un penser indigne, bas et lâche?
1050 Je l'étouffe, il renaît; il me flatte, et me fâche[3].
    L'ambition toujours me le vient présenter,
    Et tout ce que je puis, c'est de le détester[4].
    Polyeucte est ici l'appui de ma famille;
    Mais si, par son trépas, l'autre épousait ma fille,
1055 J'acquerrais bien par là de plus puissants appuis,
    Qui me mettraient plus haut cent fois que je ne suis.
    Mon cœur* en prend par force[5] une maligne[6] joie;
    Mais que plutôt le ciel à tes yeux me foudroie
    Qu'à des pensers si bas je puisse consentir,
1060 Que jusque-là ma gloire* ose se démentir!

---

1. Les plus modérés; 2. Sans vraisemblance; 3. *Fâcher* : indigner; 4. L'écarter en le maudissant; 5. Malgré lui; 6. *Malin* : mauvais.

QUESTIONS

● Vers 1031-1060. Que redoute Félix par-dessus tout? Cette crainte est-elle nouvelle (voir acte premier, scène iv)? Montrez que : 1º à l'acte premier, Félix craignait la malveillance systématique de Sévère; 2º il est maintenant en situation d'infériorité, car il donne prise à la critique; 3º les retentissements de la situation présente peuvent amener Sévère à souhaiter une solution d'autant plus rigoureuse. D'où vient que Félix commet une telle erreur sur les intentions et sur le caractère de Sévère? — Quelle progression, dans la pensée politique, marquent les vers 1049-1056? Rapprochez le vers 1012 de cette confession. Remarquez les sonorités dominantes des vers 1054-1056 : à quel ton et à quelle mimique engagent-elles? Le cynisme de Félix suffit-il à faire de lui un héros terrifiant par la monstruosité de ses passions? Montrez que nous voyons ainsi l'origine de la différence entre le héros, joyeux dans son effort, et le faible, torturé par des tentations qu'il n'a pas la force de repousser. Les vers 1058-1060 ne semblent-ils pas une nouvelle parodie du style cornélien? Pourtant, à son niveau, Félix n'a-t-il pas lui aussi un certain sens de sa *gloire*, c'est-à-dire de *ce qu'il se doit*?

ACTE III. Scène V — 95

ALBIN

Votre cœur* est trop bon, et votre âme* trop haute.
Mais vous résolvez-vous à punir cette faute?

FÉLIX

Je vais dans la prison faire tout mon effort
A vaincre cet esprit par l'effroi de la mort*;
1065 Et nous verrons après ce que pourra Pauline[1].

ALBIN

Que ferez-vous enfin si toujours il s'obstine?

FÉLIX

Ne me presse point tant : dans un tel déplaisir[2]
Je ne puis que résoudre[3] et ne sais que choisir.

ALBIN

Je dois vous avertir, en serviteur fidèle,
1070 Qu'en sa faveur déjà la ville se rebelle,
Et ne peut voir passer par la rigueur des lois[4]
Sa dernière espérance et le sang de ses rois.
Je tiens sa prison même assez mal assurée[5] :
J'ai laissé tout autour une troupe éplorée;
1075 Je crains qu'on ne la force.

FÉLIX

Il faut donc l'en tirer,
Et l'amener ici pour nous en[6] assurer.

ALBIN

Tirez-l'en donc vous-même, et d'un espoir de grâce*
Apaisez la fureur de cette populace.

---

1. *Var.* : « J'emploierai puis après le pouvoir de Pauline » (1643-1656); 2. *Déplaisir* : voir vers 115 et la note; 3. Je ne puis prendre de résolution. (Comparez à la locution « je ne puis qu'y faire ».); 4. Soumettre comme victime à des lois trop rigoureuses. (Comparez à l'expression « passer par les armes ».); 5. *Var.* : « Et même sa prison n'est pas fort assurée » (1643-1656). *Assurée* : sûre; 6. *En* : de lui.

─────── QUESTIONS ───────

● Vers 1061-1068. Le sens du vers 1061 : peut-on parler de flatterie ou d'encouragement? En tout cas, Albin ne pose-t-il pas à nouveau le vrai problème? — Le plan de Félix (vers 1063-1065). Sur qui repose maintenant le sort de Polyeucte? Quelles sont les chances de succès? — Soulignez combien Albin est implacable; la gêne croissante de Félix, qui se débat dans les difficultés (vers 1067-1068).

FÉLIX

Allons, et s'il persiste à demeurer chrétien,
1080 Nous en[1] disposerons sans qu'elle[2] en sache rien.

ACTE IV

Scène première. — POLYEUCTE, CLÉON.

TROIS AUTRES GARDES.

POLYEUCTE

Gardes, que me veut-on ?

CLÉON

Pauline vous demande.

---

1. *En :* de lui ; 2. La populace.

QUESTIONS

● Vers 1069-1080. Quel élément nouveau aggrave la situation ? Sa vraisemblance : Polyeucte est-il romain ? Dans quelle condition politique se trouve le pays à l'égard des Romains ? — L'élargissement que donne cet élément à la tragédie, l'utilisation habile de ce fait nouveau pour satisfaire à la règle classique de l'unité de lieu. Comment, d'après le vers 1080, Félix conçoit-il son rôle de gouverneur ?

■ Sur l'ensemble de la scène V. — L'utilité psychologique de cette scène : en quoi les conflits de Félix touchent-ils le spectateur ? Quel sentiment éprouve-t-on à son égard ? Est-il scandaleux ? monstrueux ? Donne-t-il l'impression d'être faux ?
— Comparez Albin à Fabian et à Stratonice ; montrez qu'il leur est supérieur.
— Intérêt dramatique : quels faits nouveaux apparaissent ? De qui dépend maintenant le sort de Polyeucte ?

■ Sur l'ensemble de l'acte III. — Quel est l'événement placé au centre de cet acte, donc de la tragédie ? Est-ce cependant Polyeucte qui nous intéresse surtout ? Sur quels personnages est centré cet acte ? Marquez l'ascension de Pauline depuis l'acte précédent. Son attitude envers Polyeucte est-elle la même ? Montrez l'approfondissement de ses sentiments à l'égard de son mari.
— Quel est le personnage dont le conflit intérieur est mis au premier plan dans ce troisième acte ? En quoi est-il légitime de parler à son propos du tragique d'une âme médiocre ? La sympathie du spectateur est-elle acquise dans ce cas totalement engagée ? totalement refusée ? Cette distance prise par le spectateur à l'égard du personnage n'annonce-t-elle pas une esthétique très moderne (pensez au théâtre de Brecht) ?
— Montrez que, par ailleurs, les ressorts purement tragiques (crainte, pitié, admiration) continuent à jouer dans cet acte.

POLYEUCTE

O présence, ô combat que surtout j'appréhende!
Félix, dans la prison, j'ai triomphé de toi,
J'ai ri de ta menace et t'ai vu sans effroi :
1085 Tu prends pour t'en venger de plus puissantes armes;
Je craignais beaucoup moins tes bourreaux que ses[1] larmes.
  Seigneur, qui vois ici les périls que je cours,
En ce pressant besoin redouble ton secours;
Et toi qui, tout sortant encor de la victoire,
1090 Regardes mes travaux[2] du séjour de ta gloire*,
Cher Néarque, pour vaincre un si fort ennemi,
Prête du haut du ciel la main à ton ami.
  Gardes, oseriez-vous me rendre un bon office?
Non pour me dérober aux rigueurs du supplice :
1095 Ce n'est pas mon dessein qu'on me fasse évader[3];
Mais comme il suffira de trois à me garder,
L'autre m'obligerait d'aller querir Sévère;
Je crois que sans péril on peut me satisfaire :
Si j'avais pu lui dire un secret important,
1100 Il vivrait plus heureux, et je mourrais content.

CLÉON

Si vous me l'ordonnez, j'y cours en diligence.

POLYEUCTE

Sévère, à mon défaut, fera ta récompense[4].
Va, ne perds point de temps, et reviens promptement.

---

1. De Pauline; 2. *Travaux* : épreuves; 3. *Var.* (vers 1094-1095) :

CLÉON
« Nous n'osons plus, Seigneur, vous rendre aucun service
POLYEUCTE
Je ne vous parle pas de me faire évader » (1643-1656);

4. Te récompensera.

QUESTIONS

● VERS 1081-1092. Pourquoi Corneille a-t-il volontairement omis la scène entre Polyeucte et Félix et s'est-il contenté de la faire évoquer ici (vers 1083-1084)? — Montrez que nous retrouvons aux vers 1082 et 1085-1086 à la fois le Polyeucte de l'acte premier et celui de l'acte II. Comment le conflit entre l'amour humain et l'appel divin, bien loin d'être dépassé, se ranime-t-il avec une intensité tragique? — En quoi les vers 1087-1092 annoncent-ils et préparent-ils les stances de la scène II?

CLÉON

Je serai de retour, seigneur, dans un moment[1].

Scène II. — POLYEUCTE.

(Les gardes se retirent aux coins du théâtre.)

1105 Source délicieuse[2], en misères féconde,
Que voulez-vous de moi, flatteuses[3] voluptés?
Honteux attachements de la chair et du monde*,
Que ne me quittez-vous, quand je vous ai quittés?
Allez, honneurs*, plaisirs, qui me livrez la guerre :
1110   Toute votre félicité,
    Sujette à l'instabilité,
    En moins de rien tombe par terre;
    Et comme[4] elle a l'éclat du verre,

---

1. *Var.* (vers 1101-1104) :

« Puisque c'est pour Sévère, à tout je me dispense.

POLYEUCTE
Lui-même à mon défaut, fera ta récompense.
Le plus tôt vaut le mieux, va donc, et promptement.

CLÉON
J'y cours, et vous m'aurez ici dans un moment » (1643-1656);

2. De délices, de plaisirs. — Comparez à Bossuet, *Panégyrique de saint Paul* : « notre siècle délicieux »; 3. *Flatteur* : trompeur; 4. De même que.

QUESTIONS

● Vers 1093-1104. Pourquoi Polyeucte envoie-t-il chercher Sévère (voir vers 1296)? Cette préméditation n'est-elle pas capitale pour interpréter le comportement de Polyeucte dans la scène iv? Pourquoi, d'une manière ou d'une autre, Corneille ne nous a-t-il pas mis au courant des intentions de Polyeucte en cette circonstance? N'était-ce pas, dans une certaine mesure, sacrifier la clarté psychologique à un effet pathétique? — Les variantes montrent que Corneille a presque intégralement supprimé les répliques prêtées d'abord à Cléon. Pourquoi?

■ Sur l'ensemble de la scène première. — Nécessité dramatique de cette scène. Son rapport avec les stances qui suivent. Quelle décision importante est prise ici?
— Intérêt psychologique : la concentration de l'attention sur le seul Polyeucte. Comment se prépare-t-il à recevoir Pauline (vérité psychologique, aspect logique de cette attitude)?

● Vers 1105. Pourquoi Polyeucte reste-t-il seul en scène (voir l'indication scénique donnée par Corneille)? Montrez que la discrétion n'y est pour rien. (Rapprochez de l'acte II, scène ii, où Stratonice et Fabian assistaient à l'entrevue entre Sévère et Pauline, et de l'acte IV, scène iii, où les gardes assisteront à l'entrevue entre Polyeucte et Pauline.)

                                        ACTE IV. Scène II — 99
            Elle en a la fragilité[1].

1115 Ainsi n'espérez pas qu'après vous je soupire* :
    Vous étalez en vain vos charmes[2]* impuissants;
    Vous me montrez en vain par tout ce vaste empire
    Les ennemis de Dieu pompeux et florissants.
    Il étale[3] à son tour des revers équitables[4]
1120   Par qui les grands sont confondus;
        Et les glaives qu'il tient pendus[5]
        Sur les plus fortunés coupables
        Sont d'autant plus inévitables
        Que leurs coups sont moins attendus.

1125 Tigre altéré[6] de sang, Décie impitoyable,
    Ce Dieu t'a trop longtemps abandonné les siens;
    De ton heureux destin vois la suite effroyable :
    Le Scythe va venger la Perse et les chrétiens[7];
    Encore un peu plus outre[8], et ton heure est venue;
1130   Rien ne t'en saurait garantir;
        Et la foudre qui va partir,
        Toute prête à crever la nue,
        Ne peut plus être retenue
        Par l'attente du repentir.

---

1. Ces deux derniers vers se trouvent textuellement dans une ode écrite par Godeau, évêque de Vence, quinze ans auparavant, mais l'image est aussi chez Malherbe (*Paraphrase du psaume CXLV*, vers 2). On la trouve déjà chez Publius Syrus (1er s. av. J.-C.) : *Fortuna vitrea est ; tum quum splendet, frangitur* ; 2. *Charmes* : sortilèges; 3. Il fait ostensiblement paraître. (A comparer au vers 1116, où le sens du mot *étaler* était différent : déployer avec faste.); 4. De justes renversements de fortune; 5. Suspendus. Allusion à l'épée de Damoclès. Voir aussi Horace : *Odes*, III, I, vers 17-18; 6. *Var.* : « affamé » (1643); 7. Décius périt en 251 dans un combat contre les Goths, sur les bords du Danube (pays des Scythes); 8. Encore un peu de temps.

QUESTIONS

● Vers 1105-1124. Le thème de ces deux stances. Leur cohésion. Rattachez cette méditation à l'action (vers 1107). Polyeucte est-il déjà détaché de ces *voluptés* (vers 1109)? Déduisez de cette constatation la valeur dramatique du monologue. — Marquez la structure antithétique de la deuxième stance. Valeur du lien logique *(ainsi)* qui unit les deux strophes. Le vocabulaire de Polyeucte : force, méprisante parfois; alliances de mots.

● Vers 1125-1134. Expliquez la transition entre la deuxième et la troisième strophe. — La force grandiose de la prophétie : quelle est l'intention de Corneille, ici? Ce don prophétique est-il vraisemblable? Malgré ses liens très forts avec la situation historique de la tragédie, ce message n'a-t-il pas une portée plus haute et plus générale?

100 — *POLYEUCTE*

1135 Que cependant Félix m'immole à ta colère;
Qu'un rival plus puissant éblouisse ses yeux[1];
Qu'aux dépens de ma vie il s'en fasse beau-père,
Et qu'à titre d'esclave il commande en ces lieux :
Je consens, ou plutôt j'aspire à ma ruine.
1140   Monde*, pour moi tu n'as plus rien[2] :
    Je porte en un cœur* tout chrétien
    Une flamme[3]* toute divine;
    Et je ne regarde Pauline
    Que comme un obstacle à mon bien.

1145 Saintes douceurs du ciel, adorables idées[4],
Vous remplissez un cœur* qui vous peut recevoir;
De vos sacrés attraits les âmes* possédées
Ne conçoivent plus rien qui les puisse émouvoir.
Vous promettez beaucoup et donnez davantage;
1150   Vos biens ne sont point inconstants;
    Et l'heureux trépas que j'attends
    Ne vous sert que d'un doux passage
    Pour nous introduire au partage[5]
    Qui nous rend à jamais contents.

1155 C'est vous, ô feu divin que rien ne peut éteindre,
Qui m'allez faire voir Pauline sans la craindre.
    Je la vois; mais mon cœur*, d'un saint zèle* enflammé,
N'en goûte plus l'appas[6] dont il était charmé*;

---

1. *Var.* : « Qu'un rival plus puissant lui donne dans les yeux » (1643-1656);
2. *Var.* : « Vains appas, vous ne m'êtes rien » (1643-1656); 3. Un amour; 4. Le mot a une valeur platonicienne. Les *idées*, les archétypes célestes, sont les vraies réalités; 5. *Partage* : lot, part de biens attribuée à chacun. (Il s'agit ici de biens célestes.); 6. *L'appas* : l'attrait.

QUESTIONS

● VERS 1135-1154. Le détachement de Polyeucte, sa clairvoyance (vers 1136-1137) et sa dureté (vers 1138). Soulignez la conformité des actes de Polyeucte (vers 1097 et acte IV, scène IV) et de sa méditation (vers 1139). Que préparent les vers 1140-1144? — Le thème de la quatrième stance. Montrez que le ton en est plus apaisé, plus lumineux. L'élargissement que marque cette stance. Comparez celle-ci à la première : en quoi est-elle antithétique à celle-ci? dans quelle intention? Étudiez le vocabulaire mystique dans ces vers. — Quel est l'effet recherché dans les allitérations en *s* (vers 1145)?

Et mes yeux, éclairés des célestes lumières,
1160 Ne trouvent plus aux siens leurs grâces* coutumières.

Scène III. — POLYEUCTE, PAULINE, GARDES.

POLYEUCTE

Madame, quel dessein vous fait me demander?
Est-ce pour me combattre, ou pour me seconder?
Cet effort généreux* de votre amour parfaite
Vient-il à mon secours, vient-il à ma défaite[1]?
1165 Apportez-vous ici la haine ou l'amitié,
Comme mon ennemie, ou ma chère moitié[2]?

---

1. *Var.* (vers 1163-1164) :
 « Et l'effort généreux de cette amour parfaite
 Vient-il à mon secours ou bien à ma défaite? » (1643-1656);
2. Ce terme, au XVIIe siècle, n'est pas vulgaire comme de nos jours; il appartient au vocabulaire de l'amour platonicien, que la poésie pétrarquiste avait répandu au XVIe siècle.

──────── **QUESTIONS** ────────

● VERS 1155-1160. Comment ces vers sont-ils destinés à former transition avec la scène suivante?

■ SUR L'ENSEMBLE DE LA SCÈNE II. — Qu'appelle-t-on « stances »? En connaissez-vous d'autres exemples dans la tragédie cornélienne? Analysez la structure métrique des strophes.
— Montrez que ce monologue est, en fait, une prière, une préparation spirituelle.
— Le mouvement de la prière; vérifiez que l'exaltation religieuse de Polyeucte va croissant : d'abord une méditation morale et rationnelle, puis une vision prophétique; ensuite l'oblation mystique, le renoncement total et heureux; enfin la contemplation extatique des biens divins.
— Montrez comment, peu à peu, la joie inonde Polyeucte et comment elle s'épure progressivement pour culminer dans un ineffable ravissement.
— Valeur psychologique des stances : ne sont-elles qu'un reflet de l'état d'âme de Polyeucte? Montrez qu'elles sont essentiellement un combat (voir en particulier le vers 1109), une conquête sur soi, un effort de la volonté pour rejoindre l'élan de la grâce.
— L'action de la tragédie progresse-t-elle à proprement parler? Montrez qu'elle évolue intérieurement, que Polyeucte, à la fin des stances, est autre que ce qu'il était auparavant (comparez les vers 1157 et suivants avec les vers 1082 et suivants).

● VERS 1161-1166. Ce ton de froideur, voire d'hostilité blessante, sur lequel Polyeucte accueille Pauline est-il spontané et naturel? Qu'est-ce que veut à tout prix éviter Polyeucte (voir vers 1086)? Comparez à l'attitude adoptée par Pauline en face de Sévère lors de leur première entrevue (acte II, scène II).

PAULINE

Vous n'avez point ici d'ennemi que vous-même :
Seul vous vous haïssez, lorsque chacun vous aime;
Seul vous exécutez tout ce que j'ai rêvé[1] :
1170 Ne veuillez pas vous perdre, et vous êtes sauvé.
A quelque extrémité que votre crime passe[2],
Vous êtes innocent si vous vous faites grâce*.
Daignez considérer le sang dont vous sortez,
Vos grandes actions, vos rares qualités;
1175 Chéri de tout le peuple, estimé chez le prince,
Gendre du gouverneur de toute la province,
Je ne vous compte à rien[3] le nom de mon époux :
C'est un bonheur* pour moi qui n'est pas grand pour vous;
Mais après vos exploits, après votre naissance,
1180 Après votre pouvoir, voyez notre espérance[4],
Et n'abandonnez pas à la main d'un bourreau
Ce qu'à nos justes vœux promet un sort si beau.

POLYEUCTE

Je considère plus; je sais mes avantages,
Et l'espoir que sur eux forment les grands courages[5] :
1185 Ils n'aspirent enfin[6] qu'à des biens passagers,
Que troublent les soucis, que suivent les dangers;
La mort nous les ravit, la fortune s'en joue;
Aujourd'hui dans le trône, et demain dans la boue;
Et leur plus haut éclat fait tant de mécontents
1190 Que peu de vos Césars en ont joui longtemps.
  J'ai de l'ambition, mais plus noble et plus belle :
Cette grandeur périt, j'en veux une immortelle,
Un bonheur* assuré, sans mesure et sans fin,
Au-dessus de l'envie, au-dessus du destin.

---

1. Vu dans mon songe; 2. En vienne; 3. Pour rien; 4. *Espérance* est expliqué par le vers 1182; 5. *Courage* : cœur; 6. En définitive.

QUESTIONS

● Vers 1167-1182. Quel sentiment, quelle passion Pauline cherche-t-elle d'abord à réveiller chez Polyeucte? Dans ce passage, quels sont les deux vers qui sont le plus sensibles au cœur de Polyeucte? Pourquoi Pauline n'insiste-t-elle pas sur ce point?

● Vers 1183-1198. La réponse de Polyeucte : y a-t-il opposition avec l'argument de Pauline? Montrez la continuité qui lie les deux moments de sa réponse. — Comparez ces vers à la première stance (vers 1105-1114) : l'usage chrétien que fait Polyeucte de l'orgueil par l'intermédiaire de la notion de *gloire*.

Phot. Lipnitzki.

POLYEUCTE AU THÉÂTRE DE L'ALLIANCE FRANÇAISE (1962)
Polyeucte (Pierre Tabard) et Pauline (Laurence Mercier).

1195 Est-ce trop l'acheter que d'une triste vie
Qui tantôt[1], qui soudain me peut être ravie,
Qui ne me fait jouir que d'un instant qui fuit,
Et ne peut m'assurer de celui qui le suit?

PAULINE

Voilà de vos chrétiens les ridicules songes[2];
1200 Voilà jusqu'à quel point vous charment* leurs mensonges :
Tout votre sang est peu pour un bonheur* si doux,
Mais, pour en disposer[3], ce sang est-il à vous?
Vous n'avez pas la vie ainsi qu'un héritage;
Le jour qui vous la donne en même temps l'engage[4] :
1205 Vous la devez au prince, au public, à l'État.

POLYEUCTE

Je la voudrais pour eux perdre dans un combat;
Je sais quel en est l'heur[5], et quelle en est la gloire*.
Des aïeux de Décie on vante la mémoire;
Et ce nom, précieux encore à vos Romains[6],
1210 Au bout de six cents ans lui met l'empire aux mains.
Je dois ma vie au peuple, au prince, à sa couronne;
Mais je la dois bien plus au Dieu qui me la donne :
Si mourir pour son prince est un illustre sort,
Quand on meurt pour son Dieu, quelle sera la mort!

PAULINE

1215 Quel Dieu?

POLYEUCTE

Tout beau[7], Pauline : il entend vos paroles,
Et ce n'est pas un Dieu comme vos dieux frivoles,
Insensibles et sourds, impuissants, mutilés,
De bois, de marbre ou d'or, comme vous les voulez :

---

1. *Tantôt :* bientôt; 2. *Songes :* rêveries (avec sens péjoratif); 3. Pour que vous puissiez en disposer; 4. Lui impose un engagement, une obligation; 5. *Heur :* voir vers 99 et la note; 6. Allusion au dévouement des deux Decius, qui, consuls, l'un au IVe et l'autre au IIIe siècle, offrirent leur vie pour la victoire; 7. Cette expression s'employait pour arrêter quelqu'un, le retenir, le faire taire. Elle appartenait encore au style noble.

QUESTIONS

● VERS 1199-1214. Montrez que, sans quitter son thème, Pauline le transpose sur un autre plan. Ainsi présenté, l'argument n'est-il pas plus redoutable? En quoi la réponse de Polyeucte le montre-t-elle? Comparez le mouvement logique de cette réponse (vers 1206-1214) avec celui de la précédente (vers 1183-1198).

C'est le Dieu des chrétiens, c'est le mien, c'est le vôtre ;
1220 Et la terre et le ciel n'en connaissent point d'autre.

PAULINE

Adorez-le dans l'âme*, et n'en témoignez rien.

POLYEUCTE

Que je sois tout ensemble idolâtre et chrétien !

PAULINE

Ne feignez qu'un moment, laissez partir Sévère,
Et donnez lieu[1] d'agir aux bontés de mon père.

POLYEUCTE

1225 Les bontés de mon Dieu sont bien plus à chérir :
Il m'ôte des périls que j'aurais pu courir.
Et, sans me laisser lieu de tourner en arrière[2],
Sa faveur me couronne entrant[3] dans la carrière ;
Du premier coup de vent il me conduit au port,
1230 Et, sortant du baptême, il m'envoie à la mort.
Si vous pouviez comprendre, et le peu qu'est la vie,
Et de quelles douceurs cette mort est suivie !
Mais que sert de parler de ces trésors cachés
A des esprits que Dieu n'a pas encor touchés ?

PAULINE

1235 Cruel ! (car il est temps que ma douleur éclate,
Et qu'un juste reproche accable une âme* ingrate),
Est-ce là ce beau feu[4] ? sont-ce là tes serments ?
Témoignes-tu pour moi les moindres sentiments ?
Je ne te parlais point de l'état déplorable
1240 Où ta mort va laisser ta femme inconsolable ;

---

1. Donnez l'occasion, la possibilité ; 2. De fléchir, de lâcher prise ; 3. Au moment où j'entre ; 4. *Feu* : voir vers 413 et la note.

● **QUESTIONS**

● VERS 1215-1234. Comment Pauline, païenne, peut-elle poser la question du vers 1215 et ne pas comprendre les vers 1219-1220 ? — Quelle est la valeur de son argument au vers 1221 ? Y croit-elle elle-même ? De qui porte-t-il la marque ? — Analysez et expliquez la réponse de Polyeucte (vers 1222). Montrez qu'en continuant à se faire le défenseur du plan humain contre Polyeucte, qui conçoit tout par Dieu et pour lui, Pauline ne peut réussir. — Quelle joie éclate dans les vers 1225-1232 ? Rapprochez ce mouvement des stances. Dans sa dureté, Polyeucte n'a-t-il pas raison (vers 1233-1234) ? Quel effet produisent cette joie et cette dureté sur Pauline ?

106 — *POLYEUCTE*

>Je croyais que l'amour t'en parlerait assez,
>Et je ne voulais pas de sentiments forcés;
>Mais cette amour si ferme et si bien méritée
>Que tu m'avais promise, et que je t'ai portée,
>1245 Quand tu me veux quitter, quand tu me fais mourir,
>Te peut-elle arracher une larme, un soupir*?
>Tu me quittes, ingrat, et le fais avec joie;
>Tu ne la[1] caches pas, tu veux que je la voie,
>Et ton cœur*, insensible à ces[2] tristes appas,
>1250 Se figure un bonheur* où je ne serai pas!
>C'est donc là le dégoût qu'apporte l'hyménée?
>Je te suis odieuse après m'être donnée!

POLYEUCTE

>Hélas!

PAULINE

>Que cet hélas a de peine à sortir!
>Encor s'il commençait un heureux repentir[3],
>1255 Que, tout forcé qu'il est, j'y trouverais de charmes*!
>Mais courage! il s'émeut, je vois couler des larmes.

POLYEUCTE

>J'en verse, et plût à Dieu qu'à force d'en verser
>Ce[4] cœur* trop endurci se pût enfin percer[5]!
>Le déplorable état où je vous abandonne
>1260 Est bien digne des pleurs que mon amour vous donne;

---

1. Ta joie; 2. Mes; 3. *Var.*: « Encore s'il marquait un heureux repentir » (1643-1656); 4. Votre; 5. Valeur de passif : « pût enfin être percé ».

── QUESTIONS ──

● VERS 1235-1252. *Cruel!* (vers 1235) : en quoi ce mot donne-t-il la clé de toute la deuxième partie de la scène? Montrez que l'exaspération qui s'est accumulée en Pauline, la colère, le dépit et la jalousie (à l'égard de quoi?) éclatent soudain. — Quelle est la valeur de la parenthèse des vers 1235-1236? Est-ce une excuse, est-ce une façon de reprendre le dessus dans la discussion? Remarquez et commentez le passage au tutoiement. Analysez la progression de la violence et de la passion : dans le vocabulaire, dans le mouvement.

● VERS 1253-1256. Montrez que, comme d'ailleurs il s'y attendait (vers 1086), Polyeucte connaît, à partir de ce moment, sa véritable épreuve. Quels signes de souffrance et de faiblesse laisse-t-il paraître? — Est-il vrai que Pauline se méprenne sur le *Hélas!* du vers 1253? Commentez, à cet égard, le vers 1256. Valeur stylistique de l'emploi de la troisième personne : *il s'émeut*.

Et si l'on peut au ciel sentir quelques douleurs[1],
J'y pleurerai pour vous l'excès de vos malheurs;
Mais si, dans ce séjour de gloire* et de lumière,
Ce Dieu tout juste et bon peut souffrir ma prière,
1265 S'il y daigne écouter un conjugal amour,
Sur votre aveuglement il répandra le jour.

    Seigneur, de vos bontés il faut que je l'obtienne;
Elle a trop de vertus* pour n'être pas chrétienne :
Avec trop de mérite* il vous plut[2] la former,
1270 Pour ne vous pas connaître[3] et ne vous pas aimer,
Pour vivre des enfers esclave infortunée[4],
Et sous leur triste joug mourir comme elle est née.

PAULINE

Que dis-tu, malheureux ? Qu'oses-tu souhaiter ?

POLYEUCTE

Ce que de tout mon sang je voudrais acheter.

PAULINE

1275 Que plutôt...

POLYEUCTE

    C'est en vain qu'on se met en défense :
Ce Dieu touche les cœurs* lorsque moins on y pense[5].
Ce bienheureux moment n'est pas encor venu;
Il viendra, mais le temps ne m'en est pas connu.

---

1. *Var.* (vers 1261-1262) :
    « Et si l'on peut au ciel emporter ses douleurs,
    J'en emporte de voir l'excès de vos malheurs »;

2. On dirait aujourd'hui : *il vous plut de ;* 3. Pour qu'elle ne vous connaisse pas;
4. *Esclave des enfers,* assujettie à la domination du démon, ce qui, pour Polyeucte, revient au même; 5. Lorsqu'on y pense le moins.

─── QUESTIONS ───

● Vers 1257-1272. Quelle est la véritable cause des larmes de Polyeucte ? Que signifie exactement son *hélas* ? Quelle tendre et cruelle tentation subit-il alors ? Comment la conjure-t-il ? Son amour pour Pauline lui apparaît-il encore comme un obstacle ? Comment le sublime-t-il ? — Montrez que sa prière (vers 1267-1272) est la plus belle preuve d'amour et d'estime qu'il puisse donner à Pauline.

● Vers 1273-1278. Pourquoi Pauline, la païenne, s'indigne-t-elle du blasphème de Polyeucte (vers 1273) et s'emporte-t-elle (vers 1275 et 1279) ? N'est-ce pas, dans l'intention qui est la sienne, une irréparable erreur de tactique ? L'a-t-elle commise dans la première partie de la scène ? Comment s'explique-t-elle qu'elle la commette maintenant ? — Quel est l'effet produit sur le spectateur par le vers 1278 ? Montrez que cette affirmation donne à Polyeucte un rôle hors de l'humanité courante et rappelle, en l'accentuant, son détachement de la terre.

PAULINE

Quittez cette chimère, et m'aimez[1].

POLYEUCTE

Je vous aime,
1280 Beaucoup moins que mon Dieu, mais bien plus que
[moi-même.

PAULINE

Au nom de cet amour ne m'abandonnez pas.

POLYEUCTE

Au nom de cet amour daignez suivre mes pas[2].

PAULINE

C'est peu de me quitter, tu veux donc me séduire[3] ?

POLYEUCTE

C'est peu d'aller au ciel, je vous y veux conduire.

PAULINE

1285 Imaginations!

POLYEUCTE

Célestes vérités!

PAULINE

Étrange aveuglement!

POLYEUCTE

Éternelles clartés!

PAULINE

Tu préfères la mort à l'amour de Pauline!

POLYEUCTE

Vous préférez le monde* à la bonté divine!

---

1. Voir vers 125 et la note; 2. *Var.* : « Au nom de cet amour, venez suivre mes pas » (1643-1656); 3. *Séduire* : voir vers 807 et la note.

━━━━━ QUESTIONS ━━━━━

● Vers 1280-1292. Comment le rythme des répliques rend-il sensible le pathétique bouleversant de cette fin de scène? Ce pathétique est fait d'incompréhension, de dépit et de violence passionnée : précisez ces aspects. — Comment le désaccord total de Pauline et de Polyeucte (vers 1288-1289), auquel aboutit la scène, marque-t-il la victoire de Polyeucte? Montrez que cette victoire est tragique parce qu'elle ne fait que consacrer la réussite isolée d'un personnage, que l'autre ne peut suivre quand des liens puissants les unissent par ailleurs. Ne laisserait-elle pas le spectateur mal à l'aise si Corneille ne faisait rebondir la scène avec l'arrivée de Sévère?

PAULINE

Va, cruel, va mourir : tu ne m'aimas jamais.

POLYEUCTE

1290 Vivez heureuse au monde*, et me laissez en paix.

PAULINE

Oui, je t'y vais laisser; ne t'en mets plus en peine;
Je vais...

SCÈNE IV. — POLYEUCTE, PAULINE, SÉVÈRE, FABIAN, GARDES.

PAULINE

Mais quel dessein en ce lieu vous amène,
Sévère? Aurait-on cru qu'un cœur* si généreux*
Pût venir jusqu'ici braver un malheureux[1]?

---

1. *Var.* (vers 1293-1294) :
   « Sévère, est-ce le fait d'un homme généreux
   De venir jusqu'ici braver un malheureux? » (1643-1656).

QUESTIONS

■ SUR L'ENSEMBLE DE LA SCÈNE III. — Composition de cette scène : les différences de ton qui accompagnent le passage d'un thème à l'autre.

— Comment, dans la première partie de cette scène, Pauline accomplit-elle sa mission? Quelle en est l'inspiration? Pauline croyait-elle au succès possible? Pourquoi avoir malgré tout essayé?

— Sur le terrain de la discussion logique et morale, Polyeucte était-il en danger de se laisser surprendre (voir acte IV, scène II)?

— Montrez que, dans cette scène, Polyeucte recommence devant Pauline sa « provocation héroïque » (comparez les vers 1215-1220 aux vers 835-856 en particulier). Quel est l'effet produit sur Pauline? Se laisse-t-elle entraîner par ce mouvement?

— Démontrez que l'attitude de Polyeucte est invariable et invincible, qu'il ne cesse de proclamer sa foi. Comment soutient-il sa véritable épreuve, dans la deuxième partie de la scène? Comment réconcilie-t-il son amour pour Dieu et son amour pour Pauline?

— Quelle symétrie peut-on établir entre cette scène et la scène II de l'acte II? Les deux épreuves imposées à Pauline en cette journée : quelle a été la plus dure pour elle?

● VERS 1292-1294. Comment expliquez-vous que Pauline conçoive, à l'entrée de Sévère, un soupçon aussi outrageant? N'a-t-elle pas déjà été déçue par lui (voir vers 479-497)? N'est-ce pas une conséquence de l'extrême tension et de la violente agitation qu'elle éprouve au moment où Sévère fait son entrée?

POLYEUCTE

1295 Vous traitez mal, Pauline, un si rare mérite* :
A ma seule prière il rend cette visite[1].
Je vous ai fait, seigneur[2], une incivilité,
Que vous pardonnerez à ma captivité.
Possesseur[3] d'un trésor dont je n'étais pas digne,
1300 Souffrez avant ma mort que je vous le résigne[4],
Et laisse la vertu* la plus rare à nos yeux
Qu'une femme jamais pût recevoir des cieux
Aux mains du plus vaillant et du plus honnête homme
Qu'ait adoré la terre et qu'ait vu naître Rome.
1305 Vous êtes digne d'elle, elle est digne de vous;
Ne la refusez pas de la main d'un époux;
S'il vous a désunis, sa mort vous va rejoindre[5].
Qu'un feu[6] jadis si beau n'en devienne pas moindre :
Rendez-lui votre cœur*, et recevez sa foi*;
1310 Vivez heureux ensemble, et mourez comme moi;
C'est le bien qu'à tous deux Polyeucte désire.
   Qu'on me mène à la mort, je n'ai plus rien à dire.
Allons, gardes, c'est fait.

---

1. Voir vers 1097; 2. *Var.* : « Sévère » (1643-1656); 3. Se rapporte au *je* du vers suivant; 4. *Résigner* un bien, un bénéfice à quelqu'un : s'en démettre en faveur de quelqu'un; terme juridique; 5. *Rejoindre* : unir de nouveau; 6. *Feu* : voir vers 413 et la note.

QUESTIONS

● Vers 1295-1311. Polyeucte, après avoir brièvement justifié Sévère aux yeux de Pauline, s'adresse à celui-ci sans lui laisser le temps d'une réplique. Qu'impliquent cette hâte et cette aisance? Improvise-t-il?
— N'accentue-t-il pas la politesse de ses manières et la courtoisie de son langage? Au vers 1297, de quoi s'excuse-t-il? En quels termes extrêmement élogieux et même pompeux désigne-t-il Pauline et Sévère?
— Pourquoi cette affectation de *civilité?* — En commentant le vers 1300, montrez ce que l'idée de Polyeucte a en soi de choquant et de « brutal ».
— Comment et pourquoi pareille idée est-elle venue à Polyeucte (voir vers 1086 et 1093)? Rapprochez-la d'autres exemples d'« extravagance héroïque » (celle de Célidée dans *l'Astrée;* la proposition de Sabine dans *Horace,* acte II, scène VI, vers 625-629; voir aussi Alidor dans *la Place royale*). — En quoi l'extravagance de Polyeucte demeure-t-elle un trait bouleversant d'humanité? Est-ce par insensibilité qu'il « cède » Pauline? Quelle héroïque précaution prend-il contre lui-même? — On parle toujours, et avec raison, de la « générosité » de Polyeucte au sens classique du terme : quel est ce sens? Montrez que les vers 1305 et 1310 font aussi paraître sa bonté.

Scène V. — SÉVÈRE, PAULINE, FABIAN.

SÉVÈRE

Dans mon étonnement,
Je suis confus pour lui de son aveuglement ;
1315 Sa résolution a si peu de pareilles
Qu'à peine je me fie encore à mes oreilles.
Un cœur* qui vous chérit (mais quel cœur* assez bas
Aurait pu vous connaître et ne vous chérir pas ?),
Un homme aimé de vous, sitôt qu'il vous possède,
1320 Sans regret il vous quitte ; il fait plus, il vous cède ;
Et comme si vos feux étaient un don fatal[1],
Il en fait un présent lui-même à son rival !
Certes ou les chrétiens ont d'étranges manies[2],
Ou leurs félicités doivent être infinies,
1325 Puisque, pour y prétendre, ils osent rejeter
Ce que de tout l'empire il faudrait acheter.
    Pour moi, si mes destins, un peu plus tôt propices,
Eussent de votre hymen honoré mes services,
Je n'aurais adoré que l'éclat de vos yeux,
1330 J'en aurais fait mes rois, j'en aurais fait mes dieux ;

---

1. *Fatal* : funeste ; 2. *Manie* : voir vers 830 et la note.

QUESTIONS

● VERS 1312-1313. Que révèle la brusquerie de ces vers ?

■ SUR L'ENSEMBLE DE LA SCÈNE IV. — Comment cette courte scène interrompt-elle à temps le dialogue de Polyeucte et de Pauline ?

— Vraisemblance et vérité héroïque. Justifiez l'acte de Polyeucte en fonction de sa psychologie et du point où il est arrivé ? Corneille n'atteint-il pas une limite ici, cependant ?

— Pourquoi, dans cette scène, Pauline et Sévère ne laissent-ils voir aucune réaction ? Raisons de vraisemblance : raisons psychologiques et dramatiques ; raisons esthétiques également.

● VERS 1313-1326. Après la sortie de scène de Polyeucte, le dialogue commence-t-il aussitôt ? Comment imaginez-vous la transition entre la scène précédente et celle-ci ? — Le sentiment de Sévère : quel est-il ? Comment et en fonction de quels critères juge-t-il le comportement de Polyeucte ? Soulignez la valeur affective du premier *il* du vers 1320, reprenant un sujet laissé en suspens, ainsi que la nuance infamante du *il vous cède*, traduisant le *je vous le résigne* du vers 1300.

112 — *POLYEUCTE*

On m'aurait mis en poudre, on m'aurait mis en cendre,
Avant que...

PAULINE

Brisons là : je crains de trop entendre,
Et que[1] cette chaleur, qui sent vos premiers feux,
Ne pousse[2] quelque suite indigne de tous deux.
1335 Sévère, connaissez Pauline toute entière.
 Mon Polyeucte touche à son heure dernière;
Pour achever de vivre il n'a plus qu'un moment :
Vous en êtes la cause encor qu'innocemment.
 Je ne sais si votre âme*, à vos désirs ouverte[3]*,
1340 Aurait osé former quelque espoir sur sa perte;
Mais sachez qu'il n'est point de si cruels trépas
Où d'un front assuré je ne porte mes pas,
Qu'il n'est point aux enfers d'horreurs que je n'endure,
Plutôt que de souiller une gloire* si pure,
1345 Que d'épouser un homme, après son triste sort,
Qui de quelque façon soit cause de sa mort[4];
Et si vous me croyiez d'une âme* si peu saine,
L'amour que j'eus pour vous tournerait toute en haine.
 Vous êtes généreux*; soyez-le jusqu'au bout.
1350 Mon père est en état[5]. de vous accorder tout.

1. Double construction, après *je crains* suivi de *de* et d'un infinitif, puis de *que* et d'un subjonctif; 2. *Pousser* : entraîner; 3. Indulgente à vos désirs; 4. Voir vers 1031 et suivants; 5. En disposition de.

QUESTIONS

● Vers 1327-1332. A quelle tentation Sévère cède-t-il ici? En quoi cette attitude suffirait-elle à condamner Sévère aux yeux de Pauline? — Montrez la logique de l'enchaînement entre les deux parties de cette réplique; en quoi ce glissement même est-il maladroit?

● Vers 1332-1348. Montrez qu'en effet Pauline, après avoir vertement interrompu Sévère (vers 1332-1334), ne se fait pas faute de lui signifier son indignation et même son mépris (vers 1339-1340). — Cette défiance à l'égard de la grandeur morale de Sévère est-elle nouvelle chez Pauline? Comment l'avait-elle déjà accueilli au début de la scène précédente? L'attitude de Sévère ici ne se prête-t-elle pas à cette interprétation? Sévère n'est-il cependant qu'un « faux généreux »? Serait-il croyable, d'ailleurs, que Pauline accepte une telle offre? — Expliquez l'accusation du vers 1338 : sur quoi se fonde-t-elle? Que prépare-t-elle (vers 1341-1346)? N'est-elle pas ensuite reprise (vers 1346-1352)? — Commentez le vers 1336 : de quelle puissante valeur affective est chargé l'adjectif possessif dans *mon Polyeucte*? Comparez ce vers avec les vers 1289 et 513-514. Comment s'explique ce retournement des sentiments? Qu'y avait-il sous le silence de Pauline pendant la scène iv?

Il vous craint; et j'avance encor cette parole,
Que s'il perd mon époux, c'est à vous qu'il l'immole[1];
Sauvez ce malheureux, employez-vous pour lui;
Faites-vous un effort[2] pour lui servir d'appui.
1355 Je sais que c'est beaucoup que ce que je demande;
Mais plus l'effort est grand, plus la gloire* en est grande.
Conserver un rival dont vous êtes jaloux,
C'est un trait de vertu* qui n'appartient qu'à vous;
Et si ce n'est assez de votre renommée,
1360 C'est beaucoup qu'une femme autrefois tant aimée,
Et dont l'amour peut-être encor vous peut toucher,
Doive à votre grand cœur* ce qu'elle a de plus cher :
Souvenez-vous enfin que vous êtes Sévère.
Adieu : résolvez seul ce que vous voulez faire;
1365 Si vous n'êtes pas tel que je l'ose espérer[3],
Pour vous priser[4] encor je le veux ignorer.

---

1. Voir vers 1031 et suivants; 2. Faites un effort sur vous-même; 3. *Var.* (vers 1364-1365) :

« Je m'en vais sans répondre après cette prière,
Et si vous n'êtes tel que je l'ose espérer » (1643-1656);

4. *Priser* : estimer.

─ QUESTIONS ─

● VERS 1349-1363. Qu'y a-t-il d'abrupt, et sans doute de choquant, dans la façon dont, presque sans transition, Pauline s'adresse non seulement à la générosité, mais aussi à l'amour de Sévère, pour obtenir de lui qu'il s'emploie à sauver son rival? Cette attitude n'est-elle pas pourtant profondément vraie, étant donné le tempérament et la morale de Pauline, et vu ce qu'on pourrait appeler le « sublime égoïsme de l'amour »?

● VERS 1364-1366. Que signifient ces derniers vers? Pauline n'a-t-elle pas confiance dans Sévère? Montrez qu'en lui donnant du temps elle veut une réponse réfléchie, non une réaction spontanée; que, d'autre part, elle ne peut attendre avec vraisemblance une acceptation immédiate.

■ SUR L'ENSEMBLE DE LA SCÈNE V. — L'évolution de Pauline : comment peut s'expliquer son revirement concernant Polyeucte? A-t-elle renoncé à le sauver de la mort? Sur qui doit agir la pression de Sévère? Pauline ne montre-t-elle pas ici certains aspects de sa personnalité que nous ne connaissions pas bien encore?

— L'ambiguïté de Sévère : montrez qu'il y a en lui une dualité; le fond de son caractère ne paraît-il pas trouble parfois? Comment tenteriez-vous d'expliquer cette complexité?

— Comment l'action rebondit-elle? N'est-ce pas un moyen inattendu, mais vraisemblable? Montrez que l'entraînement héroïque, de Polyeucte à Pauline, passe maintenant de celle-ci à Sévère.

Scène VI. — SÉVÈRE, FABIAN.

SÉVÈRE

Qu'est ceci, Fabian? quel nouveau coup de foudre
Tombe sur mon bonheur*, et le réduit en poudre?
Plus je l'estime près, plus il est éloigné;
1370 Je trouve tout perdu quand je crois tout gagné;
Et toujours la fortune, à me nuire obstinée,
Tranche mon espérance aussitôt qu'elle est née :
Avant qu'offrir des vœux je reçois des refus;
Toujours triste, toujours et honteux et confus
1375 De voir que lâchement elle[1] ait osé renaître,
Qu'encor plus lâchement elle ait osé paraître,
Et qu'une femme enfin dans la calamité[2]
Me fasse des leçons de générosité*.
   Votre belle âme* est haute autant que malheureuse,
1380 Mais elle est inhumaine autant que généreuse*,
Pauline, et vos douleurs avec trop de rigueur
D'un amant tout à vous tyrannisent le cœur*.
C'est donc peu de vous perdre, il faut que je vous donne,
Que je serve un rival lorsqu'il vous abandonne,
1385 Et que, par un cruel et généreux* effort,
Pour vous rendre en ses mains, je l'arrache à la mort.

FABIAN

Laissez à son destin cette ingrate famille;

---

1. *Elle* : mon espérance; 2. *Var.* : « infélicité » au lieu de *calamité* (1643-1664).

━━ QUESTIONS ━━

● VERS 1367-1378. Comment, stupéfié et scandalisé par Polyeucte, Sévère est-il encore abasourdi de la façon dont l'a traité Pauline? Comment son désespoir, son amertume et sa honte s'expriment-ils? Relevez les voyelles sourdes, les répétitions de sons et de consonnes qui contribuent à créer le ton du passage.

● VERS 1379-1386. Comment Sévère cherche-t-il à compenser la mortification qu'il vient de subir? — N'y a-t-il pas quelque chose de comique dans cette réponse qu'il lance à retardement, alors que Pauline n'est plus là? — Quel jugement porte-t-il sur Pauline et sur l'action qu'elle attend de lui? Cette réaction n'est-elle pas très humaine et en quel sens? — Comment les alliances de mots antithétiques reflètent-elles la façon dont Pauline, la situation et son devoir lui apparaissent? Montrez la justesse des vers 1383-1386, exprimant très précisément, pour Sévère, le renversement de situation créé par Pauline.

« ...Tout beau, Pauline : il entend vos paroles
Et ce n'est pas un Dieu comme vos dieux frivoles ».

(Vers 1216-1217.) Illustration d'une édition de 1817.

Phot. Lipnitzki.

POLYEUCTE AU THÉÂTRE DE L'ALLIANCE FRANÇAISE (1962)
Pauline (Laurence Mercier) et Félix (Violette).

Qu'il accorde, s'il veut, le père avec la fille,
Polyeucte et Félix, l'épouse avec l'époux.
1390 D'un si cruel effort quel prix espérez-vous?

SÉVÈRE

La gloire* de montrer à cette âme* si belle
Que Sévère l'égale, et qu'il est digne d'elle;
Qu'elle m'était bien due, et que l'ordre des cieux[1]
En me la refusant m'est trop injurieux[2].

FABIAN

1395 Sans accuser le sort ni le ciel d'injustice,
Prenez garde au péril qui suit un tel service;
Vous hasardez beaucoup, seigneur, pensez-y bien.
Quoi? vous entreprenez de sauver un chrétien!
Pouvez-vous ignorer pour cette secte impie
1400 Quelle est et fut toujours la haine de Décie?
C'est un crime vers[3] lui si grand, si capital,
Qu'à votre[4] faveur même il peut être fatal.

SÉVÈRE

Cet avis serait bon pour quelque âme* commune.
S'il tient entre ses mains ma vie et ma fortune,
1405 Je suis encor Sévère, et tout ce grand pouvoir
Ne peut rien sur ma gloire*, et rien sur mon devoir*.
Ici l'honneur* m'oblige, et j'y[5] veux satisfaire;
Qu'après le sort se montre ou propice ou contraire,
Comme son naturel est toujours inconstant,
1410 Périssant glorieux, je périrai content.
Je te dirai bien plus, mais avec confidence[6]:
La secte des chrétiens n'est pas ce que l'on pense.

1. La loi, la règle du destin; 2. *Injurieux*: injuste; 3. *Vers*: envers; 4. La faveur dont vous jouissez; 5. A l'honneur; 6. En confidence.

─────── **QUESTIONS** ───────

● VERS 1387-1390. Montrez que Fabian ne fait que refléter, mais en le grossissant, en lui donnant une vulgarité bourgeoise et comique, l'état d'esprit dont vient de témoigner son maître.

● VERS 1391-1410. Est-ce le même Sévère qui parle? Analysez l'emploi d'un vocabulaire et d'un ton tout nouveaux. Quelle gloire Sévère invoque-t-il à deux reprises? Remarquez les sonorités ouvertes et éclatantes. Que s'est-il passé? A quoi est dû ce sursaut? — Rapprochez la mise en garde de Fabian (vers 1395-1402) des angoisses de Félix. La sécheresse de la réponse qu'y fait Sévère (vers 1403): n'est-ce pas la marque extérieure de sa volonté d'héroïsme?

118 — POLYEUCTE

On les hait; la raison, je ne la connais point,
Et je ne vois Décie injuste qu'en ce point.
1415 Par curiosité j'ai voulu les connaître :
On les tient pour sorciers dont l'enfer est le maître,
Et sur cette croyance on punit du trépas
Des mystères secrets que nous n'entendons[1] pas;
Mais Cérès Éleusine et la Bonne Déesse[2]
1420 Ont leurs secrets, comme eux, à Rome et dans la Grèce;
Encore impunément nous souffrons en tous lieux,
Leur Dieu seul excepté, toutes sortes de dieux :
Tous les monstres d'Égypte ont leurs temples dans Rome;
Nos aïeux à leur gré faisaient un dieu d'un homme;
1425 Et leur sang parmi nous conservant leurs erreurs,
Nous remplissons le ciel de tous nos empereurs;
Mais, à parler sans fard de tant d'apothéoses[3],
L'effet est bien douteux de ces métamorphoses[4].

   Les chrétiens n'ont qu'un Dieu, maître absolu de tout,
1430 De qui le seul vouloir fait tout ce qu'il résout;
Mais si j'ose entre nous dire ce qui me semble,
Les nôtres bien souvent s'accordent mal ensemble;
Et me dût leur colère écraser à tes yeux,
Nous en avons beaucoup pour être[5] de vrais dieux[6].
1435 Enfin chez les chrétiens les mœurs sont innocentes,
Les vices détestés, les vertus* florissantes[7];
Ils font des vœux pour nous qui les persécutons;
Et depuis tant de temps que nous les tourmentons[8],
Les a-t-on vus mutins? les a-t-on vus rebelles?
1440 Nos princes ont-ils eu des soldats plus fidèles?

---

1. *Entendre* : comprendre; 2. Sévère rapproche le christianisme des autres religions à mystères, à initiation, qu'il connaît (mystères d'Eleusis en Grèce, culte de la Bonne Déesse à Rome); 3. *Apothéose* : c'est le terme propre, pour désigner la divinisation des empereurs; 4. D'hommes en dieux; 5. Trop pour qu'ils soient; 6. Ici, quatre vers ont été supprimés dans les éditions postérieures à 1656 :

   « Peut-être qu'après tout ces croyances publiques
   Ne sont qu'inventions de sages politiques
   Pour contenir un peuple ou bien pour l'émouvoir
   Et dessus sa faiblesse affermir leur pouvoir »;

7. De nouveau, quatre vers supprimés :

   « Jamais un adultère, un traître, un assassin;
   Jamais d'ivrognerie, et jamais de larcin :
   Ce n'est qu'amour entre eux, que charité sincère,
   Chacun y chérit l'autre et le secourt en frère »;

8. *Tourmenter* : supplicier.

Furieux dans la guerre, ils souffrent[1] nos bourreaux,
Et, lions au combat, ils meurent en agneaux.
J'ai trop de pitié d'eux pour ne pas les défendre.
Allons trouver Félix ; commençons par son gendre ;
1445 Et contentons ainsi, d'une seule action,
Et Pauline, et ma gloire*, et ma compassion.

---

1. Subissent sans se plaindre.

──────── **QUESTIONS** ────────

● Vers 1411-1443. Dégagez les traits de la figure morale de Sévère qui apparaissent ici : sa curiosité intellectuelle (vers 1415), son refus des préjugés (vers 1416-1429). — Quelle est son attitude à l'égard de la doctrine chrétienne (vers 1429-1434) ? — Qu'apprécie-t-il chez les chrétiens (vers 1435-1442) ? Pour quelle raison pensez-vous que Corneille a supprimé les huit vers cités en note ?

● Vers 1444-1446. Comment passe-t-on des considérations générales à la décision particulière (vers 1444) ? Dans quelle mesure le long développement qui précède était-il psychologiquement nécessaire pour déterminer, ou expliquer du moins, l'attitude de Sévère ? Pour quelle raison cette explication n'était-elle pas venue plus tôt ?

■ Sur l'ensemble de la scène vi. — Le personnage de Sévère : faites d'abord son portrait à l'issue de cette scène ; comparez-le ensuite à son attitude à la scène précédente, puis à ce qu'il était à la fin du deuxième acte. Sa transfiguration est-elle invraisemblable ? Montrez que le choc causé par les circonstances, puis par l'attitude de Polyeucte et de Pauline l'ont révélé à lui-même. En quoi Pauline avait-elle raison (vers 1364-1366) ?

— L'attitude de Sévère, païen prêt à défendre la cause des chrétiens, est-elle historiquement vraisemblable ? Pourquoi cette attitude devait-elle susciter les applaudissements des « philosophes » au xviiie siècle ?

■ Sur l'ensemble de l'acte IV. — Le personnage de Polyeucte. Marquez les étapes de son ascension dans cet acte : de quoi a-t-il triomphé ? La force d'âme dont il a fait preuve. Est-il encore perfectible ?

— L'influence de Polyeucte. Sur quoi se fonde-t-elle ? Comment agit-elle ? Marquez-en l'action directe (scènes iii et iv), puis par l'intermédiaire de Pauline (scène v), enfin sous forme réflexive (scène vi) : Sévère, devant Pauline transfigurée, décide, après un temps, de son attitude. En quoi peut-on dire que cet acte constitue, pour les trois personnages, une épreuve de vérité ?

— Montrez que, dans cet acte, les trois thèmes du débat d'amour, de l'élan mystique et de la générosité héroïque se concentrent et s'unifient. Comment, graduellement, le climat de l'action s'est-il transformé ? L'influence de la grâce. Sur qui n'a-t-elle pas encore agi ?

— Dégagez le pathétique de cet acte. Mettez-le en relation avec la marche de l'action. Montrez que cet acte est encadré de deux débats individuels où un personnage s'efforce de triompher de lui-même, tandis qu'au centre la lutte se déroule sous forme dialoguée.

ACTE V

Scène première. — FÉLIX, ALBIN, CLÉON.

FÉLIX

Albin, as-tu bien vu la fourbe[1] de Sévère?
As-tu bien vu sa haine? et vois-tu ma misère?

ALBIN

Je n'ai vu rien en lui qu'un rival généreux*,
1450 Et ne vois rien en vous qu'un père rigoureux.

FÉLIX

Que tu discernes mal le cœur* d'avec la mine[2]!
Dans l'âme* il hait Félix et dédaigne Pauline;
Et s'il l'aima jadis, il estime aujourd'hui
Les restes d'un rival trop indignes de lui.
1455 Il parle en sa faveur, il me prie, il menace
Et me perdra, dit-il, si je ne lui fais grâce*;
Tranchant du[3] généreux*, il croit m'épouvanter :
L'artifice est trop lourd pour ne pas l'éventer[4].
Je sais des gens de cour quelle est la politique,
1460 J'en connais mieux que lui la plus fine pratique[5].
C'est en vain qu'il tempête et feint d'être en fureur :
Je vois ce qu'il prétend[6] auprès de l'empereur.
De ce qu'il me demande il m'y ferait un crime :
Épargnant son rival, je serais sa victime;
1465 Et s'il avait affaire à quelque maladroit,
Le piège est bien tendu, sans doute il le perdroit[7];

---

1. *La fourbe* : la fourberie; 2. *Var.* : « Que tu le connais mal! Tout son fait n'est que mine » (1643-1656); 3. *Trancher de* : prendre des airs, jouer le rôle de; 4. Pour que je ne l'évente pas; 5. *Var.* (vers 1459-1460) :

    « Je connais avant lui la cour et ses intrigues [*intrigues*]
    J'en connais les détours, j'en connais les pratiques » (1643-1656);

6. Ce qu'il a l'espérance d'obtenir; 7. On a laissé ici l'orthographe ancienne, afin de maintenir la rime pour l'œil; ce genre de rime en *ouè* était conforme à la prononciation du temps.

Mais un vieux courtisan est un peu moins crédule[1] :
Il voit quand on le joue, et quand on dissimule :
Et moi j'en ai tant vu de toutes les façons
1470 Qu'à lui-même au besoin j'en ferais des leçons.

ALBIN

Dieu! que vous vous gênez[2] par cette défiance!

FÉLIX

Pour subsister en cour c'est la haute science :
Quand un homme une fois a droit de nous haïr,
Nous devons présumer qu'il cherche à nous trahir;
1475 Toute son amitié nous doit être suspecte.
Si Polyeucte enfin n'abandonne sa secte,
Quoi que son protecteur ait pour lui dans l'esprit,
Je suivrai hautement l'ordre qui m'est prescrit.

ALBIN

Grâce, grâce*, seigneur! que Pauline l'obtienne[3]!

FÉLIX

1480 Celle de l'empereur ne suivrait pas la mienne,
Et loin de le tirer de ce pas dangereux[4]
Ma bonté ne ferait que nous perdre tous deux.

ALBIN

Mais Sévère promet...

FÉLIX

Albin, je m'en défie,
Et connais mieux que lui la haine de Décie :
1485 En faveur des chrétiens s'il[5] choquait son courroux,

---

1. *Var.* : « Mais un vieux courtisan n'est pas si fort crédule » (1643-1656);
2. *Gêner* : torturer; 3. Obtienne la grâce; 4. *Var.* : « de ce pas hasardeux » (1643-1663); 5. Sévère.

QUESTIONS

● VERS 1447-1470. Rapprochez la conversation qui s'engage du vers 1444; pourquoi n'avons-nous pas assisté à l'entretien? — Comment Félix interprète-t-il la démarche de Sévère? D'où provient sa méprise? Félix est fier de sa finesse : montrez qu'il s'en vante non sans vulgarité (vers 1457-1460 et 1467-1470). — Pourquoi reste-t-il absolument fermé à la générosité de Sévère? — Sur quoi repose, selon Corneille, la différence entre le généreux et le politique?

122 — *POLYEUCTE*

Lui-même assurément se perdrait avec nous.
Je veux tenter pourtant encore une autre voie :
Amenez Polyeucte; et si je le renvoie[1],
S'il demeure insensible à ce dernier effort,
1490 Au sortir de ce lieu qu'on lui donne la mort[2].

ALBIN

Votre ordre est rigoureux.

FÉLIX

Il faut que je le suive,
Si je veux empêcher qu'un désordre n'arrive.
Je vois le peuple ému[3] pour prendre son parti;
Et toi-même tantôt tu m'en as averti[4].
1495 Dans ce zèle* pour lui qu'il[5] fait déjà paraître,
Je ne sais si longtemps j'en pourrais être maître;
Peut-être dès demain, dès la nuit, dès ce soir,
J'en verrais des effets que je ne veux pas voir;
Et Sévère aussitôt, courant à sa vengeance,
1500 M'irait calomnier de quelque intelligence[6].
Il faut rompre[7] ce coup, qui me serait fatal.

ALBIN

Que tant de prévoyance est un étrange mal[8]!
Tout vous nuit, tout vous perd, tout vous fait de l'om-
[brage[9];
Mais voyez que sa mort mettra ce peuple en rage;
1505 Que c'est mal le guérir que le désespérer.

FÉLIX

En vain après sa mort il voudra murmurer;
Et s'il ose venir à quelque violence,
C'est à faire[10] à céder deux jours à l'insolence :

---

1. En marge, dans les premières éditions, cette indication scénique : *Il parle à Cléon;* 2. Autre indication : *Cléon rentre* (c'est-à-dire, sort de scène); 3. *Emu :* soulevé; 4. Voir vers 1069 et suivants; 5. *Il :* le peuple; 6. *Intelligence :* complicité; 7. *Rompre :* voir vers 65 et la note; 8. *Var. :* « Que votre défiance est un étrange mal! » (1643-1656); 9. Provoque de l'inquiétude; 10. Il n'y aura qu'à, on en sera quitte pour.

■ QUESTIONS

● Vers 1471-1486. Sur quoi se fonde la logique de Félix? Cette rigidité d'un principe discutable n'est-elle pas une faiblesse? Quelle est la crainte qui domine Félix et qui lui dicte toute sa conduite (vers 1482 et 1486)? Le risque est-il réel, ou du moins possible?
● Vers 1487-1490. Félix laisse encore une chance à Polyeucte : de quoi témoigne cette ultime concession? Dramatiquement, quel est l'effet considérable que Corneille tirera de cette situation?

ACTE V. SCÈNE II — 123

J'aurai fait mon devoir*, quoi qu'il puisse arriver.
1510 Mais Polyeucte vient, tâchons à le sauver[1].
Soldats, retirez-vous, et gardez bien la porte.

SCÈNE II. — FÉLIX, POLYEUCTE, ALBIN.

FÉLIX

As-tu donc pour la vie une haine si forte,
Malheureux Polyeucte? et la loi des chrétiens
T'ordonne-t-elle ainsi d'abandonner les tiens?

POLYEUCTE

1515 Je ne hais point la vie, et j'en aime l'usage,
Mais sans attachement qui sente l'esclavage,
Toujours prêt à la rendre au Dieu dont je la tiens :
La raison* me l'ordonne, et la loi des chrétiens ;
Et je vous montre à tous par là comme il faut vivre,
1520 Si vous avez le cœur* assez bon[2] pour me suivre.

FÉLIX

Te suivre dans l'abîme où tu veux te jeter?

POLYEUCTE

Mais plutôt dans la gloire* où je m'en vais monter.

---

1. En marge, dans les éditions de 1643 et 1648 : *Polyeucte vient avec ses gardes, qui soudain se retirent* ; 2. *Bon* : noble.

■ QUESTIONS ───────────────

● VERS 1491-1511. Montrez que Félix, en bon gouverneur, sinon en homme d'État, a pesé les conséquences de ses actes. — Commentez le vers 1509. Est-ce la première fois que Félix couvre ses calculs de formules grandioses? Qu'entend-il exactement par son devoir? Est-ce le même que chez Pauline?

■ SUR L'ENSEMBLE DE LA SCÈNE PREMIÈRE. — Que pensez-vous de ce portrait du « fin politique » qui nous est offert à travers Félix? Quelle connaissance Corneille avait-il de la Cour et des courtisans? Qu'est-ce qui fait le caractère anti-héroïque du personnage?
— Le caractère de Félix : quel mobile le détermine? Quelle est la part de l'habileté chez lui? Son désir de sauver Polyeucte est-il réel?
— Importance dramatique de cette scène. Pourquoi Corneille ne nous a-t-il pas montré l'entrevue de Sévère et de Félix? La démarche de Sévère en faveur de Polyeucte a-t-elle été fructueuse? Comment Sévère a-t-il involontairement servi les desseins de Polyeucte?

● VERS 1512-1522. Rapprochez le vers 1512 du vers 882 et montrez que Félix ne varie ni dans son argumentation ni dans sa tactique.
— Comparez la défense de Polyeucte à la première partie de l'acte IV, scène III, et aux stances. Qu'ajoute le vers 1520?

FÉLIX

Donne-moi pour le moins le temps de la connaître :
Pour me faire chrétien, sers-moi de guide à l'être,
1525 Et ne dédaigne pas de m'instruire en ta foi*,
Ou toi-même à ton Dieu tu répondras de moi.

POLYEUCTE

N'en riez point, Félix, il sera votre juge;
Vous ne trouverez point devant lui de refuge :
Les rois et les bergers y sont d'un même rang.
1530 De tous les siens sur vous il vengera le sang.

FÉLIX

Je n'en répandrai plus, et, quoi qu'il en arrive,
Dans la foi* des chrétiens je souffrirai qu'on vive :
J'en serai protecteur.

POLYEUCTE

Non, non, persécutez,
Et soyez l'instrument de nos félicités :
1535 Celle d'un vrai chrétien n'est que dans les souffrances;
Les plus cruels tourments lui sont des récompenses[1].
Dieu, qui rend le centuple aux bonnes actions,
Pour comble donne encor les persécutions.
Mais ces secrets pour vous sont fâcheux[2] à comprendre :
1540 Ce n'est qu'à ses élus que Dieu les fait entendre.

FÉLIX

Je te parle sans fard et veux être chrétien.

POLYEUCTE

Qui[3] peut donc retarder l'effet d'un si grand bien?

---

1. *Var.* (vers 1535-1536) :
   « Aussi bien un chrétien n'est rien sans les souffrances.
   Les plus cruels tourments nous sont des récompenses » (1643-1656);
2. *Fâcheux* : difficiles; 3. Qu'est-ce qui...?

QUESTIONS

● Vers 1523-1542. Le nouvel argument de Félix pour sauver Polyeucte : quelle est notre réaction immédiate? Montrez qu'il s'agit d'une ruse et d'un mensonge (voir vers 1571 et 1578). En quoi cette méthode est-elle conforme au caractère de Félix? Démontrez que, pour lui, la fin poursuivie justifie les moyens employés. — Polyeucte en est-il dupe? Accepte-t-il de discuter avec Félix de son cas personnel, auquel celui-ci voudrait l'intéresser pour l'attirer dans un piège? Montrez qu'il oppose des vérités absolues à l'opportunisme de Félix.

FÉLIX

La présence importune...

POLYEUCTE

Et de qui? de Sévère?

FÉLIX

Pour lui seul contre toi j'ai feint tant de colère :
1545 Dissimule un moment jusques à son départ[1].

POLYEUCTE

Félix, c'est donc ainsi que vous parlez sans fard?
Portez à vos païens, portez à vos idoles
Le sucre empoisonné que sèment vos paroles[2] :
Un chrétien ne craint rien, ne dissimule rien :
1550 Aux yeux de tout le monde il est toujours chrétien.

FÉLIX

Ce zèle* de ta foi *ne sert qu'à te séduire[3],
Si tu cours à la mort plutôt que de m'instruire.

POLYEUCTE

Je vous en parlerais ici hors de saison :
Elle est un don du ciel, et non de la raison* :
1555 Et c'est là que bientôt, voyant Dieu face à face,
Plus aisément pour vous j'obtiendrai cette grâce*.

FÉLIX

Ta perte cependant me va désespérer.

POLYEUCTE

Vous avez en vos mains de quoi la réparer :
En vous ôtant un gendre, on vous en donne un autre,

---

1. Voir vers 1223-1224; 2. *Var.* : « versent » au lieu de *sèment* (1643-1656);
3. *Séduire* : voir vers 807 et la note.

— QUESTIONS —

● VERS 1543-1545. Dans quelle mesure Polyeucte semble-t-il un instant prêter le flanc à la manœuvre de Félix? — Vérifiez que cette fois Félix dit vrai et formule une proposition de compromis et d'arrangement : quel minimum de concession attend-il de Polyeucte?

126 — *POLYEUCTE*

1560 Dont la condition répond mieux à la vôtre;
Ma perte n'est pour vous qu'un change[1] avantageux.

FÉLIX

Cesse de me tenir ce discours outrageux[2].
Je t'ai considéré plus que tu ne mérites,
Mais malgré ma bonté, qui croît plus[3] tu l'irrites,
1565 Cette insolence enfin te rendrait odieux[4],
Et je me vengerais aussi bien[5] que nos dieux.

POLYEUCTE

Quoi? vous changez bientôt[6] d'humeur et de langage!
Le zèle* de vos dieux rentre en votre courage[7]!
Celui d'être chrétien s'échappe! et par hasard
1570 Je vous viens d'obliger à me parler sans fard!

FÉLIX

Va, ne présume pas que quoi que je te jure,
De tes nouveaux docteurs[8] je suive l'imposture :
Je flattais ta manie[9], afin de t'arracher
Du honteux précipice où tu vas trébucher;
1575 Je voulais gagner temps, pour ménager ta vie
Après l'éloignement d'un flatteur de Décie;
Mais j'ai trop fait d'injure à nos dieux tout-puissants :
Choisis de leur donner ton sang ou de l'encens.

POLYEUCTE

Mon choix n'est point douteux. Mais j'aperçois Pauline.
1580 O ciel!

---

1. *Change* : changement; 2. *Outrageux* : outrageant. Cet adjectif est sorti aujourd'hui de l'usage, mais l'adverbe correspondant « outrageusement » est resté plus vivant; 3. *Var.* : « quand » au lieu de *plus* (1643-1656); 4. Finirait par te rendre; 5. En même temps que (je vengerai) nos dieux; 6. *Bientôt* : bien vite; 7. *Courage* : cœur; 8. *Docteurs* : maîtres (de doctrine); Le terme est ici ironique et méprisant; 9. *Manie* : voir vers 830 et la note.

QUESTIONS

● VERS 1546-1570. Caractérisez le ton nouveau qu'adopte Polyeucte aux vers 1546-1556. Les vers 1553-1556 n'annoncent-ils pas et ne préparent-ils pas le « miracle » futur de la conversion de Félix? — Mettez en relief, aux vers 1557-1570, une nouvelle variation du ton de Polyeucte : il raille, il méprise, il irrite Félix. Pourquoi? Que cherche-t-il à obtenir? — Appréciez la patience de Félix dans tout ce passage. — Remarquez la coupe irrégulière des vers 1569-1570 : que traduit-elle?

Scène III. — FÉLIX, POLYEUCTE, PAULINE, ALBIN.

PAULINE

Qui de vous deux aujourd'hui m'assassine?
Sont-ce tous deux ensemble, ou chacun à son tour?
Ne pourrai-je fléchir la nature ou l'amour?
Et n'obtiendrai-je rien d'un époux ni d'un père?

FÉLIX

Parlez à votre époux.

POLYEUCTE

Vivez avec Sévère.

PAULINE

1585 Tigre, assassine-moi du moins sans m'outrager.

───── QUESTIONS ─────

● Vers 1571-1580. Félix découvre tout son jeu. Démêlez-y la part de compassion véritable. Comment Polyeucte répond-il à l'ultimatum qui lui est finalement adressé? — Après l'affrontement de Félix, assez peu redoutable, Polyeucte n'a-t-il pas un autre combat à prévoir (vers 1579)? Que marque son exclamation au vers 1580? Quel est l'effet pathétique obtenu par cette accumulation d'épreuves? N'y a-t-il pas aussi gradation? Sur le plan psychologique, quel est l'aspect qui se trouve ainsi révélé et éclairé chez Polyeucte?

■ Sur l'ensemble de la scène II. — Le personnage de Félix : quels traits nouveaux apparaissent ici? Se rapproche-t-il de l'univers héroïque de Polyeucte, de Pauline et de Sévère? Comment se donne-t-il cependant l'illusion d'être plus fort que Sévère et que Polyeucte? Quels bons sentiments percent malgré tout, ici ou là?
— Utilité dramatique de cette entrevue : pour qui est-elle importante? Comprend-on maintenant pourquoi Corneille a escamoté entre l'acte III et l'acte IV la première entrevue de Félix et de Polyeucte?

● Vers 1580-1583. Comparez le ton de Pauline avec celui qu'elle emploie à la scène III de l'acte IV. Cherche-t-elle encore à argumenter? N'en est-elle pas plus redoutable pour Polyeucte (voir vers 1086)?

● Vers 1584-1585. En quoi la réponse de Félix est-elle conforme à son caractère et à son comportement habituel? — Que pensez-vous de celle de Polyeucte? (Comparez avec le vers 1300.) Montrez, par l'étude du vers 1585, que Polyeucte a réussi à blesser Pauline. Comment la vivacité de la réaction de celle-ci vérifie-t-elle un aspect de son caractère? (Se reporter aux vers 339 et suivants [*Moi, moi!* ...], aux vers 1235 et suivants [*Cruel!* ...] et aux vers 1332 et suivants [*Brisons là :* ...].)

POLYEUCTE

Mon amour, par pitié, cherche à vous soulager;
Il voit quelle douleur dans l'âme* vous possède,
Et sait qu'un autre amour en est le seul remède[1].
Puisqu'un si grand mérite* a pu vous enflammer,
1590 Sa présence toujours a droit de vous charmer* :
Vous l'aimiez, il vous aime, et sa gloire* augmentée...

PAULINE

Que t'ai-je fait, cruel, pour être ainsi traitée,
Et pour me reprocher[2], au mépris de ma foi[3]*,
Un amour si puissant que j'ai vaincu pour toi?
1595 Vois, pour te faire vaincre un si fort adversaire,
Quels efforts à moi-même il a fallu me faire[4],
Quels combats j'ai donnés pour te donner un cœur*
Si justement acquis à son premier vainqueur;
Et si l'ingratitude en ton cœur* ne domine,
1600 Fais quelque effort sur toi pour te rendre à Pauline :
Apprends d'elle à forcer ton propre sentiment;
Prends sa vertu[5]* pour guide en ton aveuglement;
Souffre que de toi-même elle obtienne ta vie,
Pour vivre sous tes lois à jamais asservie.
1605 Si tu peux rejeter de si justes désirs,
Regarde au moins ses pleurs, écoute ses soupirs*;

---

1. *Var.* (vers 1586-1588) :

« Ma pitié, tant s'en faut, cherche à vous soulager;
Notre amour vous emporte à des douleurs si vraies
Que rien qu'un autre amour ne peut guérir ces plaies » (1643-1656).

— *Var.* : « ses plaies » au lieu de *ces plaies* (1648-1656); 2. Et pour que tu me reproches; 3. *Foi* : fidélité; 4. Quels efforts sur moi-même il a fallu que je fasse; 5. *Vertu* : énergie morale.

QUESTIONS

● VERS 1586-1591. Polyeucte ne cherche-t-il pas à atténuer la brutalité de sa réponse? Dans quelle mesure la rend-il plus humaine? Montrez que, dans les vers 1589-1590, il reprend presque mot pour mot des propos que Pauline lui a tenus (vers 615-616). Cette habileté n'implique-t-elle pas une nouvelle vexation pour Pauline, dans la mesure où Polyeucte semble ne pas s'être rendu compte de l'évolution sentimentale de celle-ci (voir acte IV, scène v, et plus particulièrement le vers 1336)? Est-il vraiment devenu insensible à l'amour de Pauline ou s'efforce-t-il de feindre l'aveuglement?

POLYEUCTE
AU THÉÂTRE
ANTIQUE
D'ORANGE

Félix
(Jean Marchat).
Stratonice
(Geneviève Auger).
Pauline
(Annie Ducaux).
Polyeucte
(Maurice Escande).

Phot. Bernand.

130 — *POLYEUCTE*

Ne désespère pas une âme* qui t'adore.

POLYEUCTE

Je vous l'ai déjà dit, et vous le dis encore,
Vivez avec Sévère, ou mourez avec moi.
1610 Je ne méprise point vos pleurs ni votre foi*;
Mais, de quoi que pour vous notre amour m'entretienne,
Je ne vous connais plus, si vous n'êtes chrétienne.
  C'en est assez, Félix, reprenez ce¹ courroux,
Et sur cet insolent² vengez vos dieux et vous.

PAULINE

1615 Ah! mon père, son crime à peine³ est pardonnable;
Mais s'il est insensé, vous êtes raisonnable.
La nature est trop forte, et ses aimables traits
Imprimés dans le sang ne s'effacent jamais :
Un père est toujours père, et sur cette assurance
1620 J'ose appuyer encore un reste d'espérance
  Jetez sur votre fille un regard paternel :
Ma mort suivra la mort de ce cher criminel;
Et les dieux trouveront sa peine illégitime,
Puisqu'elle confondra l'innocence et le crime,
1625 Et qu'elle changera, par ce redoublement,
En injuste rigueur un juste châtiment;
Nos destins, par vos mains rendus inséparables,
Nous doivent rendre heureux ensemble ou misérables,

---

1. Votre; 2. L'insolent que je suis; 3. *A peine* : difficilement.

QUESTIONS

● VERS 1592-1607. Composition de cette réplique; montrez la reprise des arguments de Polyeucte et leur réfutation passionnée. — Comment se manifeste l'indignation de Pauline? Que reproche-t-elle à son mari? Commentez le vers 1601 : Pauline, elle aussi, est-elle réellement ignorante du combat que Polyeucte livre contre lui-même? — Quel effet les supplications des vers 1605-1607 produisent-elles dans le cœur de Polyeucte (voir vers 1086)?

● VERS 1608-1614. Comment, dans ces conditions, expliquez-vous la sécheresse avec laquelle, une nouvelle fois, Polyeucte définit sa position (à rapprocher du vers 1282)? Quel élément nouveau intervient ici dans l'attitude de Polyeucte (vers 1612)? Qu'est-ce qui peut l'expliquer? Que prépare-t-il? — Montrez comment, par le *et vous*, à la fin du vers 1614, Polyeucte s'emploie à renouveler et à aiguiser son insolence. Pourquoi?

Et vous seriez cruel jusques au dernier point
1630 Si vous désunissiez ce que vous avez joint.
Un cœur* à l'autre uni jamais ne se retire,
Et pour l'en séparer il faut qu'on le déchire.
Mais vous êtes sensible à mes justes douleurs,
Et d'un œil paternel vous regardez mes pleurs.

FÉLIX

1635 Oui, ma fille, il est vrai qu'un père est toujours père ;
Rien n'en peut effacer le sacré caractère :
Je porte un cœur* sensible, et vous l'avez percé ;
Je me joins avec vous contre cet insensé.
Malheureux Polyeucte, es-tu seul insensible ?
1640 Et veux-tu rendre seul[1] ton crime irrémissible ?
Peux-tu voir tant de pleurs d'un œil si détaché[2] ?
Peux-tu voir tant d'amour sans en être touché ?
Ne reconnais-tu plus ni beau-père, ni femme,
Sans amitié pour l'un, et pour l'autre sans flamme* ?
1645 Pour reprendre les noms et de gendre et d'époux,
Veux-tu nous voir tous deux embrasser tes genoux[3] ?

POLYEUCTE

Que tout cet artifice est de mauvaise grâce !
Après avoir deux fois essayé la menace,

---

1. *Seul* se rapporte à *tu ;* 2. *Var. :* « d'un cœur » au lieu de *d'un œil* (1643-1656) ;
3. C'est le geste rituel du suppliant antique.

QUESTIONS

● VERS 1615-1634. Les arguments de Pauline : examinez-en la valeur intrinsèque, montrez leur adaptation à Félix. Ont-ils des chances de le toucher ? Par quelle menace accroît-elle la force de son intervention ? Sur quels tons, successivement, s'adresse-t-elle à son père ? Justifiez l'ordre de leur succession.
● VERS 1635-1646. Les deux points de cette réplique de Félix s'adressent à Pauline (vers 1635-1638). Quelle est l'attitude de Félix ? Pouvait-il agir autrement ? Le vers 1638 : son caractère décevant, sinon dérisoire.
— L'exhortation de Félix à Polyeucte : la part de sincérité. Quels sentiments et quelles valeurs Félix met-il en avant ? La part des arrière-pensées. — Le vers 1646 n'est-il pas un fidèle reflet du personnage, plus prompt à la prière qu'à une décision dangereuse ? Y a-t-il de l'hypocrisie dans l'attitude de Félix (voir vers 1013) ? — Pourquoi Corneille fait-il prononcer cette adjuration par Félix plutôt que par Pauline ? Ces mêmes propos dans la bouche de Pauline n'auraient-ils pas été plus redoutables pour Polyeucte ?

132 — *POLYEUCTE*

Après m'avoir fait voir Néarque dans la mort,
1650 Après avoir tenté l'amour et son effort,
Après m'avoir montré cette soif du baptême,
Pour opposer à Dieu l'intérêt de Dieu même,
Vous vous joignez ensemble! Ah! ruses de l'enfer,
Faut-il tant de fois vaincre avant que triompher?
1655 Vos résolutions usent trop de remise[1];
Prenez la vôtre enfin, puisque la mienne est prise.
Je n'adore qu'un Dieu, maître de l'univers,
Sous qui tremblent le ciel, la terre, et les enfers;
Un Dieu qui, nous aimant d'une amour infinie,
1660 Voulut mourir pour nous avec ignominie,
Et qui, par un effort de cet excès d'amour[2],
Veut pour nous en victime être offert chaque jour.
Mais j'ai tort d'en[3] parler à qui ne peut m'entendre.
Voyez l'aveugle erreur que vous osez défendre :
1665 Des crimes les plus noirs vous souillez tous vos dieux;
Vous n'en[4] punissez point qui n'ait son maître aux cieux :
La prostitution, l'adultère, l'inceste,
Le vol, l'assassinat, et tout ce qu'on déteste[5],
C'est l'exemple qu'à suivre offrent vos immortels.
1670 J'ai profané leur temple et brisé leurs autels;
Je le ferais encor, si j'avais à le faire[6],
Même aux yeux de Félix, même aux yeux de Sévère,
Même aux yeux du sénat, aux yeux de l'empereur.

---

1. Vos décisions tardent trop; 2. *Var.* : « Et qui par un excès de cette même amour » (1643-1656); 3. De Dieu; 4. De crimes; 5. *Détester* : voir vers 641 et la note; 6. C'est exactement le vers 878 du *Cid*.

QUESTIONS

● Vers 1647-1654. N'est-ce pas un véritable cri de souffrance que fait entendre Polyeucte en rappelant chacun des pas de son calvaire? L'admirable vers 1654, qui en est le couronnement, ne pourrait-il pas servir d'épigraphe à toute la tragédie de *Polyeucte*?

● Vers 1655-1673. Montrez que Polyeucte, une dernière fois, assume son acte et son martyre, d'une part en proclamant son *Credo* (vers 1657-1662), d'autre part en injuriant le paganisme (vers 1663-1669), et enfin en s'employant à rendre son attitude inexpiable et irréversible (vers 1670-1673). — En quoi le vers 1671 caractérise-t-il l'attitude du héros cornélien en face du devoir accompli? Comparez avec *le Cid*, vers 878. Quel effet peut-il produire sur Félix? Quel est le sens de la gradation par laquelle Polyeucte termine sa réplique (à rapprocher des vers 1312-1313)? Qu'en attend-il?

ACTE V. Scène III — 133

FÉLIX

Enfin ma bonté cède à ma juste fureur :
1675 Adore-les, ou meurs.

POLYEUCTE

Je suis chrétien.

FÉLIX

Impie!
Adore-les, te dis-je, ou renonce à la vie.

POLYEUCTE

Je suis chrétien.

FÉLIX

Tu l'es? O cœur* trop obstiné!
Soldats, exécutez l'ordre que j'ai donné[1].

PAULINE

Où le conduisez-vous?

FÉLIX

A la mort.

POLYEUCTE

A la gloire*.
1680 Chère Pauline, adieu : conservez ma mémoire.

PAULINE

Je te suivrai partout, et mourrai si tu meurs[2].

---

1. Voir vers 1490; 2. *Var.* : « Je te suivrai partout et mêmes au trépas » (1643-1656). En marge, dans les éditions de 1643 et 1648 : *Cléon et les autres gardes sortent et conduisent Polyeucte; Pauline le suit.*

── QUESTIONS ──────────

● VERS 1674-1678. Comment réagit immédiatement Félix? En quoi le vers 1674 trahit-il bien le personnage? A l'égard de qui tient-il à expliquer et à justifier son attitude? — De quelles sommations fait-il précéder l'ordre d'exécution? Pourquoi? Que révèle l'euphémisme du vers 1678?

● VERS 1679-1680. Le rythme de ces vers; remarquez le caractère éclatant de la rime; comparez les vers 1647-1656. Comment expliquez-vous l'allégresse qui éclate soudain chez Polyeucte? Expliquez dans la perspective héroïque et cornélienne, puis dans la perspective chrétienne le second hémistiche du vers 1680.

134 — *POLYEUCTE*

POLYEUCTE

Ne suivez point mes pas, ou quittez vos erreurs[1].

FÉLIX

Qu'on l'ôte de mes yeux, et que l'on obéisse :
Puisqu'il aime à périr, je consens qu'il périsse.

SCÈNE IV. — FÉLIX, ALBIN.

FÉLIX

1685 Je me fais violence, Albin, mais je l'ai dû :
Ma bonté naturelle aisément m'eût perdu.
Que la rage du peuple à présent se déploie,
Que Sévère en fureur tonne, éclate, foudroie,
M'étant fait cet effort[2], j'ai fait ma sûreté[3].
1690 Mais n'es-tu point surpris de cette[4] dureté?
Vois-tu, comme le sien, des cœurs* impénétrables[5]
Ou des impiétés à ce point exécrables?
Du moins j'ai satisfait mon esprit affligé :
Pour amollir son cœur* je n'ai rien négligé[6];
1695 J'ai feint même à tes yeux des lâchetés extrêmes;
Et certes sans l'horreur de ses derniers blasphèmes,
Qui m'ont rempli soudain de colère et d'effroi,

---

1. *Var.* : « Sortez de votre erreur, ou ne me suivez pas » (1643-1656); 2. *Se faire un effort* : faire un effort sur soi, triompher de sa faiblesse (voir vers 1354); 3. Je me suis prémuni contre tout danger; 4. De Polyeucte; 5. *Impénétrable* : inflexible; 6. *Var.* (vers 1693-1694) :

« Du moins j'ai satisfait à mon cœur affligé :
Pour amollir le sien je n'ai rien négligé » (1643-1656).

QUESTIONS

● VERS 1681-1684. Pourquoi Polyeucte ne relâche-t-il pas sa dureté à l'égard de Pauline? — Comment Félix, fidèle à lui-même, s'emploie-t-il encore à dégager sa responsabilité?

■ SUR L'ENSEMBLE DE LA SCÈNE III. — Le suprême et douloureux combat de Polyeucte est-il exprimé par les paroles et le ton dont il se sert dans cette scène à l'adresse de Pauline? Montrez que le vrai tragique de la scène est en grande partie sous-jacent. Dans quel passage précis éclate-t-il cependant?

— La dernière épreuve de Polyeucte sur scène : la victoire lui a-t-elle moins coûté que dans les épreuves antérieures? L'intensité tragique a-t-elle augmenté?

— Les progrès de l'action : démontrez qu'ils sont liés à l'évolution de Pauline autant qu'à l'intransigeance de Polyeucte. Quelle est la décision de Pauline (vers 1681)? Pourquoi ne renonce-t-elle pas?

ACTE V. Scène IV — 135

J'aurais eu de la peine à triompher de moi.

ALBIN

Vous maudirez peut-être un jour cette victoire,
1700 Qui tient je ne sais quoi d'une action trop noire,
Indigne de Félix, indigne d'un Romain,
Répandant votre sang[1] par votre propre main.

FÉLIX

Ainsi l'ont autrefois versé Brute[2] et Manlie[3];
Mais leur gloire* en a crû, loin d'en être affaiblie;
1705 Et quand nos vieux héros avaient de mauvais sang,
Ils eussent, pour le perdre, ouvert leur propre flanc[4].

ALBIN

Votre ardeur* vous séduit[5]; mais quoi qu'elle die[6],
Quand vous la sentirez une fois refroidie,
Quand vous verrez Pauline, et que son désespoir
1710 Par ses pleurs et ses cris saura vous émouvoir...

FÉLIX

Tu me fais souvenir qu'elle a suivi ce traître,
Et que ce désespoir qu'elle fera paraître

---

1. Celui de votre gendre; 2. Le consul Brutus fit exécuter ses fils qui avaient conspiré contre la République (509 av. J.-C.); 3. Le consul Manlius condamna à mort son fils qui lui avait désobéi en attaquant l'ennemi sans son ordre (340 av. J.-C.); 4. *Var.* (vers 1704-1706) :

« Et leur gloire en a crû, loin d'en être affaiblie;
Jamais nos vieux héros n'ont eu de mauvais sang,
Qu'ils n'eussent, pour le perdre, ouvert leur propre flanc » (1643-1656);

5. *Séduire :* voir vers 807 et la note; 6. Dise (la forme *die* est parfaitement classique).

QUESTIONS

● VERS 1685-1698. A quoi se ramène le sens du devoir chez Félix? Quel est le « souverain bien » dans sa morale? Expliquez le vers 1685. Quelle place pourrait-on donner à ce personnage dans une hiérarchie morale où les prises avec les circonstances, est le moteur essentiel de l'héroïsme? — Quelle résonance ont les vers 1687-1688? — Pourquoi Félix éprouve-t-il le besoin de commenter et de justifier son attitude (vers 1690-1698)? Ce penchant ne s'est-il pas déjà manifesté dans la pièce (voir acte III, scène v)? A quoi fait allusion le vers 1695 (voir vers 1523)?

● VERS 1699-1706. Comparez l'attitude d'Albin ici et à la scène première de l'acte V. Que révèle sa liberté de paroles, pour un simple confident? La leçon n'est-elle pas humiliante pour le gouverneur d'Arménie? — Derrière quelle morale apparente se retranche Félix? Soulignez le décalage entre la réalité psychologique et le ton employé par Félix; l'effet obtenu.

136 — *POLYEUCTE*

De mes commandements pourra troubler l'effet :
Va donc; cours y mettre ordre et voir ce qu'elle fait;
1715 Romps ce que ses douleurs y donneraient d'obstacle;
Tire-la, si tu peux, de ce triste spectacle;
Tâche à la consoler. Va donc : qui[1] te retient?

ALBIN

Il n'en est pas besoin, seigneur, elle revient.

Scène V. — FÉLIX, PAULINE, ALBIN.

PAULINE

Père barbare, achève, achève ton ouvrage;
1720 Cette seconde hostie[2] est digne de ta rage;
Joins ta fille à ton gendre; ose, que tardes-tu?
Tu vois le même crime, ou la même vertu :
Ta barbarie en elle a les mêmes matières[3].
Mon époux en mourant m'a laissé ses lumières;
1725 Son sang, dont tes bourreaux viennent de me couvrir,
M'a dessillé les yeux et me les vient d'ouvrir.
Je vois, je sais, je crois, je suis désabusée :
De ce bienheureux sang tu me vois baptisée,
Je suis chrétienne enfin, n'est-ce point assez dit?

---

1. Qu'est-ce qui...? 2. *Hostie* : victime; 3. Le même sujet de se manifester.

━━━━ **QUESTIONS** ━━━━

● Vers 1707-1718. Montrez qu'Albin n'est pas dupe de ces beaux raisonnements. Quelle conséquence, purement familiale, des événements rappelle-t-il? — Félix est-il sensible? Quel est le seul point qui, désormais, l'occupe? Quelle tactique emploie-t-il une fois de plus pour éluder ses responsabilités (vers 1716-1717)? — L'effet produit par le vers 1718 sur Félix, tout d'abord, sur les spectateurs, ensuite.

■ Sur l'ensemble de la scène iv. — Psychologiquement, moralement et socialement, comment vous apparaît Félix dans cette scène? Montrez qu'il reçoit ici une leçon qui a été préparée par les mises en garde d'Albin tout au long de la pièce. Qu'y a-t-il d'humiliant pour Félix?
— Caractérisez le ton et le climat de la scène. N'avons-nous pas ici une nouvelle occasion de parler d'un élargissement de l'esthétique tragique, d'une forme de « tragédie bourgeoise »? Comment ce ton est-il en harmonie avec la médiocrité du personnage?

● Vers 1719-1729. En quoi Pauline est-elle doublement transfigurée? Sens de son tutoiement à l'égard de son père. L'impétuosité du mouvement et les nuances de sentiments chez Pauline. — Le vers 1727 : « Beau mouvement oratoire, mais précisément ce n'est là que de la rhétorique » note M. A. Adam (*Histoire de la littérature française du XVII*[e] *siècle*, tome I, p. 539). Corneille pouvait-il rendre sensible d'une autre manière le coup de foudre de la grâce?

ACTE V. Scène V — 137

1730 Conserve en me perdant ton rang et ton crédit ;
Redoute l'empereur, appréhende Sévère :
Si tu ne veux périr, ma perte est nécessaire,
Polyeucte m'appelle à cet heureux trépas ;
Je vois Néarque et lui qui me tendent les bras.
1735 Mène, mène-moi voir tes dieux que je déteste ;
Ils n'en ont brisé qu'un, je briserai le reste ;
On m'y verra braver tout ce que vous craignez,
Ces foudres impuissants qu'en leurs mains vous peignez,
Et saintement rebelle aux lois de ma naissance,
1740 Une fois envers toi manquer d'obéissance.
Ce n'est point ma douleur que par là je fais voir ;
C'est la grâce[1]* qui parle, et non le désespoir.
Le faut-il dire encor, Félix ? je suis chrétienne !
Affermis par ma mort ta fortune et la mienne :
1745 Le coup à l'un et l'autre en sera précieux,
Puisqu'il t'assure[2] en terre en m'élevant aux cieux.

---

1. La grâce envoyée par Dieu ; 2. Il accroît ta « sûreté » (voir vers 1689), il raffermit ta situation.

QUESTIONS

● Vers 1730-1742. Montrez que Pauline prend ici, en toute lucidité, la responsabilité de sa révolte. Sont-ce seulement ses croyances religieuses qui sont changées ? Les fondements mêmes de sa morale ne sont-ils pas aussi totalement bouleversés ? Soulignez qu'en cela précisément réside sa « conversion ». — Comment, aux vers 1741-1742, Pauline interprète-t-elle sa transformation ? Montrez qu'elle choisit une explication métaphysique et nie les causes purement psychologiques. A votre avis, celles-ci n'aident-elles pas à admettre l'intervention de la grâce ?

● Vers 1743-1746. *Félix* (vers 1743) : en quoi cette façon d'interpeller son père est-elle à la fois étonnante et révélatrice dans la bouche de Pauline ? Que cherche-t-elle à susciter chez lui ? — Relevez, depuis le début de cette tirade, les provocations dont elle se sert ; quel est son but ? Comment veut-elle rejoindre Polyeucte en s'élevant à son niveau ?

■ Sur l'ensemble de la scène v. — Du point de vue purement dramatique, quel effet cherche à produire Corneille dans cette scène ?

— Psychologiquement, montrez que la transfiguration de Pauline ne contredit nullement sa nature et sa morale profonde.

— Justifiez et interprétez le silence de Félix dans cette scène. Marquez la progression de ses épreuves depuis la scène précédente.

Scène VI. — FÉLIX, SÉVÈRE, PAULINE, ALBIN, FABIAN.

SÉVÈRE

Père dénaturé, malheureux politique,
Esclave ambitieux d'une peur chimérique,
Polyeucte est donc mort! et par vos cruautés
1750 Vous pensez conserver vos tristes[1] dignités!
La faveur que pour lui je vous avais offerte,
Au lieu de le sauver, précipite sa perte!
J'ai prié, menacé, mais sans vous émouvoir;
Et vous m'avez cru fourbe ou de peu de pouvoir!
1755 Eh bien! à vos dépens vous verrez que Sévère
Ne se vante jamais que de ce qu'il peut faire;
Et par votre ruine il vous fera juger
Que qui peut bien vous perdre eût pu vous protéger.
Continuez aux dieux ce service fidèle;
1760 Par de telles horreurs montrez-leur votre zèle*.
Adieu; mais quand l'orage éclatera sur vous,
Ne doutez point du bras dont partiront les coups.

FÉLIX

Arrêtez-vous, seigneur[2], et d'une âme* apaisée
Souffrez que je vous livre une vengeance aisée.
1765 Ne me reprochez plus que par mes cruautés

---

1. *Tristes* : ici, double sens : « funestes » et « médiocres »; 2. *Var.* : « Sévère » au lieu de *seigneur* (1643-1656).

━━ QUESTIONS ━━

● VERS 1747-1754. Analysez chaque terme de ce jugement; dégagez-en l'exactitude en recherchant, dans la pièce, les preuves à chacune des accusations de Sévère. — Comparez l'expression de Sévère : *Père dénaturé* (vers 1747), à celle de Pauline : *Père barbare* (vers 1719). Pourquoi cette accusation vient-elle en premier? Les injures et les condamnations pleuvent sur Félix. En quoi l'effet du coup de théâtre qui va suivre en est-il renforcé? — Soulignez la perspicacité de Sévère dans son analyse des conduites de Félix : *Vous m'avez cru fourbe* (vers 1754). Montrez que telle a bien été, en effet, l'interprétation de Félix (voir vers 1352 et 1463) et, enfin, que cette interprétation est bien faite pour exciter l'indignation et le courroux de Sévère.

● VERS 1755-1762. La gravité de la menace pour Félix; en quoi est-ce l'effondrement de tout son système?

Je tâche à conserver mes tristes dignités :
Je dépose à vos pieds l'éclat de leur faux lustre.
Celle où j'ose aspirer est d'un rang plus illustre;
Je m'y trouve forcé par un secret appas[1],
1770 Je cède à des transports[2] que je ne connais pas;
Et par un mouvement que je ne puis entendre[3],
De ma fureur[4] je passe au zèle* de mon gendre[5].
C'est lui, n'en doutez point, dont le sang innocent
Pour son persécuteur prie un Dieu tout-puissant;
1775 Son amour épandu sur toute la famille
Tire après lui le père aussi bien que la fille.
J'en ai fait un martyr, sa mort me fait chrétien :
J'ai fait tout son bonheur*, il veut faire le mien.
C'est ainsi qu'un chrétien se venge et se courrouce.
1780 Heureuse cruauté dont la suite est si douce!
Donne la main, Pauline. Apportez des liens;
Immolez à vos dieux ces deux nouveaux chrétiens :
Je le suis, elle l'est, suivez votre colère.

PAULINE

Qu'heureusement enfin je retrouve mon père!
1785 Cet heureux changement rend mon bonheur* parfait.

FÉLIX

Ma fille, il n'appartient qu'à la main qui le fait.

---

1. *Appas* : attrait, attirance; 2. *Transports* : mouvements, entraînements;
3. *Entendre* : comprendre; 4. *Fureur* : folie furieuse; 5. Qui était celui de mon gendre.

QUESTIONS

● Vers 1763-1783. Montrez que ce nouveau coup de théâtre est encore plus inattendu que le précédent. Pourquoi Corneille a-t-il voulu que sa tragédie se termine par cette cascade de conversions (raison religieuse, raison esthétique)? — Établissez que Félix, en commentant lui-même ce qu'il éprouve et ce qui s'est passé (vers 1769-1776), retrouve et définit deux aspects du dogme chrétien concernant l'action de la grâce et l'intercession des saints. — Félix, après sa conversion, ne garde-t-il pas des traits constants de son personnage (vers 1777-1783)? Lesquels?

● Vers 1784-1786. Quel est le sens de cet échange de répliques? Montrez que le vers 1786 marque un renversement de situation. Quel état d'esprit révèle chez Pauline la constatation du vers 1785?

140 — *POLYEUCTE*

SÉVÈRE

Qui ne serait touché d'un si tendre spectacle ?
De pareils changements ne vont point sans miracle.
Sans doute vos chrétiens, qu'on persécute en vain,
1790 Ont quelque chose en eux qui surpasse l'humain :
Ils mènent une vie avec tant d'innocence
Que le ciel leur en doit quelque reconnaissance :
Se relever plus forts, plus[1] ils sont abattus,
N'est pas aussi[2] l'effet des communes vertus*.
1795 Je les aimai toujours, quoi qu'on m'en ait pu dire ;
Je n'en vois point mourir que mon cœur* n'en soupire* ;
Et peut-être qu'un jour je les connaîtrai mieux.
J'approuve cependant que chacun ait ses dieux,
Qu'il les serve à sa mode, et sans peur de la peine[3].
1800 Si vous êtes chrétien, ne craignez plus ma haine ;
Je les aime, Félix, et de leur protecteur[4]
Je n'en veux pas sur[5] vous faire un persécuteur.
    Gardez votre pouvoir, reprenez-en la marque ;
Servez bien votre Dieu, servez notre monarque.
1805 Je perdrai mon crédit envers Sa Majesté,

---

1. Se relever d'autant plus forts qu'ils sont plus abattus ; 2. Non plus ; 3. *Peine* : châtiment ; 4. Leur protecteur que je suis ; 5. *Var.* : « en » au lieu de *sur* (1643-1656).

QUESTIONS

● VERS 1787-1807. Sévère devant le « miracle » chrétien : comment et dans quel esprit l'analyse-t-il et l'interprète-t-il ? — A quelle attitude politique et philosophique s'arrête-t-il (vers 1798-1807) ? Cette attitude n'est-elle pas conforme à la grande tradition romaine ? Pouvez-vous néanmoins expliquer pourquoi ce passage et surtout le vers 1798 ont été particulièrement applaudis au XVIIIe siècle ? (« Ce vers, note Voltaire dans son *Commentaire sur Corneille*, est toujours très bien reçu du parterre ; c'est la voix de la nature. ») — Rapprochez les vers 1800-1804 des vers 1780-1784 : l'héroïsme de Félix n'apparaît-il pas comme un peu ridicule du fait qu'il semble maintenant inutile ? Le mérite de Félix s'en trouve-t-il diminué pour autant ? Pourquoi fallait-il que la décision finale soit prononcée par Sévère ? — Dans quelle mesure le maintien de Félix à son poste de gouverneur d'Arménie crée-t-il un dénouement de tragi-comédie ? Comprend-on pourquoi Pauline ne reprend plus la parole en cette fin de scène ? Quels sont les derniers mots qu'elle a prononcés ? — Est-il naturel que dans toute cette fin, il n'y ait pas un mot de tristesse ou de douleur sur la mort de Polyeucte ?

Ou vous verrez finir cette sévérité[1] :
Par cette injuste haine il se fait trop d'outrage[2].

FÉLIX

Daigne le ciel en vous achever son ouvrage,
Et pour vous rendre un jour ce que vous méritez
1810 Vous inspirer bientôt toutes ses vérités!
 Nous autres, bénissons notre heureuse aventure[3],
Allons à nos martyrs donner la sépulture,
Baiser leurs corps sacrés, les mettre en digne lieu,
Et faire retentir partout le nom de Dieu.

---

1. *Var. :* « Ou bien il quittera cette sévérité » (1643-1656); 2. Il se porte trop de tort à lui-même; 3. *Aventure :* ce qui nous arrive.

QUESTIONS

● VERS 1808-1814. Pourquoi est-ce Félix qui forme des vœux pour le salut de Sévère, et qui invite les autres personnages et le public à honorer les martyrs et à rendre grâces à Dieu? Voltaire trouvait que le vers 1811 faisait « un peu rire ». Lui donnez-vous raison? N'y a-t-il pas une intention proprement religieuse à laquelle on peut imaginer que Corneille ait obéi?

■ SUR L'ENSEMBLE DE LA SCÈNE VI. — Montrez que cette scène, associée à la précédente, avec leurs coups de théâtre successifs et rapprochés, constitue une sorte d'apothéose de Polyeucte et du christianisme.

— Que pensez-vous de l'attitude de Sévère? Ne l'avoir pas fait se convertir est-il une faute dramatique? une faute psychologique?

■ SUR L'ENSEMBLE DE L'ACTE V. — *Faut-il tant de fois vaincre avant que triompher?* (vers 1654) : ce vers ne désigne-t-il pas les deux thèmes qui couronnent la tragédie? En quoi ce triomphe mystique demeure-t-il une victoire humaine?

— Le dénouement : comment Corneille a-t-il su rendre l'aspect miraculeux des conversions? Cependant, l'action de la grâce s'est-elle exercée dans des êtres passifs?

— Montrez que, psychologiquement, les conversions se produisent dans un ordre miraculeux croissant. Par quel aspect proprement humain de sa personnalité Félix a-t-il permis à la grâce de pénétrer en lui?

— L'attitude de Sévère : conformité de sa tolérance bienveillante avec son caractère. En quoi se rapproche-t-il de la mentalité courante au XVIIIe siècle philosophique? Montrez que ce dénouement n'est pas fait pour détacher de lui le public de l'époque, généralement plus sensible au couple qu'il forme avec Pauline qu'au cas de Polyeucte.

EXAMEN DE POLYEUCTE[1].

Ce martyre est rapporté par Surius sur le 9e de janvier. Polyeucte vivait en l'année 250, sous l'empereur Décius. Il était Arménien, ami de Néarque, et gendre de Félix, qui avait la commission de l'empereur pour faire exécuter ses édits contre les chrétiens. Cet ami l'ayant résolu à se faire chrétien, il déchira ces édits qu'on publiait, arracha les idoles des mains de ceux qui les portaient sur les autels pour les adorer, les brisa contre terre, résista aux larmes de sa femme Pauline, que Félix employa auprès de lui pour le ramener à leur culte, et perdit la vie par l'ordre de son beau-père, sans autre baptême que celui de son sang. Voilà ce que m'a prêté l'histoire; le reste est de mon invention.

Pour donner plus de dignité à l'action, j'ai fait Félix gouverneur d'Arménie et ai pratiqué un sacrifice public, afin de rendre l'occasion plus illustre et donner un prétexte à Sévère de venir en cette province, sans faire éclater son amour avant qu'il en eût l'aveu de Pauline. Ceux qui veulent arrêter nos héros dans une médiocre bonté, où quelques interprètes d'Aristote[2] bornent leur vertu, ne trouveront pas ici leur compte, puisque celle de Polyeucte va jusqu'à la sainteté et n'a aucun mélange de faiblesse. J'en ai déjà parlé ailleurs[3], et pour confirmer ce que j'en ai dit par quelques autorités, j'ajouterai ici que Minturnus[4], dans son *Traité du poète*, agite cette question « si la Passion de Jésus-Christ et les martyres des saints doivent être exclus du théâtre, à cause qu'ils passent cette médiocre bonté » et résout en ma faveur. Le célèbre Heinsius[5], qui non seulement a traduit la *Poétique* de notre philosophe, mais en a fait un *Traité de la constitution de la tragédie* selon sa pensée[6], nous en a donné une sur le martyre des Innocents. L'illustre Grotius[7] a mis sur la scène la Passion même de Jésus-Christ et l'histoire de Joseph, et

---

1. Cet Examen, comme tous ceux que Corneille écrivit sur ses pièces, fut publié pour la première fois dans l'édition du Théâtre de Corneille, revu et corrigé par l'auteur, en trois volumes, en octobre 1660; 2. Aristote : *Poétique*, chap. XIII. La tragédie, selon Aristote, doit susciter la crainte et la pitié. « On ne doit pas y voir les bons passant du bonheur au malheur (ce spectacle n'inspire ni crainte ni pitié, mais répugnance), [...] ni l'homme foncièrement mauvais tomber du bonheur dans le malheur (une combinaison comme celle-là [...] ne suscite ni pitié ni crainte). [...] Reste par conséquent le héros qui occupe une situation intermédiaire entre celles-là »; 3. Dans le *Discours sur la tragédie*, imprimé en tête du deuxième volume de l'édition de 1660, Corneille écrit : « L'exclusion des personnes tout à fait vertueuses qui tombent dans le malheur bannit les martyrs de notre théâtre. Polyeucte y a réussi contre cette maxime »; 4. *Minturnus* : auteur vénitien. Son traité date de 1559; 5. *Heinsius* : érudit et poète flamand (1580-1665); 6. *De constitutione tragica secundum Aristotelem* (1611); 7. Hugues de Groot (1583-1645), célèbre jurisconsulte hollandais.

QUESTIONS

● LIGNES 1-11. Vérifiez que Corneille condense ici son *Abrégé du martyre de saint Polyeucte* (voir pp. 26-27, lignes 22 à 87).

le savant Buchanan[1] a fait la même chose de celle de Jephté et de
la mort de saint Jean-Baptiste. C'est sur ces exemples que j'ai hasardé
ce poème, où je me suis donné des licences, qu'ils n'ont pas prises,
de changer l'histoire en quelque chose et d'y mêler des épisodes
d'invention; aussi m'était-il plus permis sur cette matière qu'à eux sur
celle qu'ils ont choisie. Nous ne devons qu'une croyance pieuse
à la vie des saints, et nous avons le même droit sur ce que nous en
tirons pour le porter sur le théâtre que sur ce que nous empruntons
des autres histoires; mais nous devons une foi chrétienne et indispensable à tout ce qui est dans la Bible, qui ne nous laisse aucune
liberté d'y rien changer. J'estime toutefois qu'il ne nous est pas
défendu d'y ajouter quelque chose, pourvu qu'il[2] ne détruise rien
de ces vérités dictées par le Saint-Esprit. Buchanan ni Grotius ne
l'ont pas fait dans leurs poèmes; mais aussi ne les ont-ils pas rendus
assez fournis pour notre théâtre, et ne s'y sont proposé pour exemple
que la constitution la plus simple des anciens. Heinsius a plus osé
qu'eux dans celui que j'ai nommé : les anges qui bercent l'enfant
Jésus, et l'ombre de Mariane avec les furies qui agitent l'esprit
d'Hérode, sont des agréments[3] qu'il n'a pas trouvés dans l'Évangile. Je crois même qu'on en peut supprimer quelque chose, quand
il y a apparence qu'il ne plairait pas sur le théâtre, pourvu qu'on
n'y mette rien en la place; car alors ce serait changer l'histoire, ce
que le respect que nous devons à l'Écriture ne permet point. Si j'avais
à y exposer celle de David et de Bethsabée, je ne décrirais pas comme
il en devint amoureux en la voyant se baigner dans une fontaine,
de peur que l'image de cette nudité ne fît une impression trop chatouilleuse dans l'esprit de l'auditeur; mais je me contenterais de le
peindre avec de l'amour pour elle, sans parler aucunement de quelle
manière cet amour se serait emparé de son cœur.

Je reviens à *Polyeucte*, dont le succès a été très heureux. Le style
n'en est pas si fort ni si majestueux que celui de *Cinna* et de *Pompée*,

---

1. *Buchanan* : humaniste écossais (1506-1582); 2. *Cela*; 3. *Agréments* : embellissements.

QUESTIONS

● LIGNES 12-57. Corneille ne passe-t-il pas ici très vite sur l'invention majeure de sa pièce : l'amour de Sévère? Pourquoi? — Quels sont les deux impératifs tragiques auxquels se soumet Corneille dans les modifications qu'il indique ici? Est-il vrai que « Polyeucte [...] n'a aucun mélange de faiblesse » (ligne 19)? Pour quelle raison a-t-il accumulé une telle quantité de références (lignes 19-30)? Pourquoi cette distinction si minutieuse entre la vie des saints et la Bible (lignes 31-57). — A propos de l'action et des caractères, contre quels reproches, préjugés et préceptes Corneille se défend-il dans ce long paragraphe? — Montrez qu'il a attentivement et minutieusement réuni les pièces de sa défense. Sa méthode ne nous apprend-elle pas beaucoup sur l'homme qu'il était? Comparez avec l'opinion de Molière (*la Critique de « l'Ecole des femmes »*, scène VI [1663]), et de Racine (Préface de *Bérénice* [1670]).

144 — *EXAMEN*

mais il y a quelque chose de plus touchant, et les tendresses de l'amour humain y font un si agréable mélange avec la fermeté du divin que sa représentation a satisfait tout ensemble les dévots et les gens du monde. A mon gré, je n'ai point fait de pièce où l'ordre du théâtre soit plus beau et l'enchaînement des scènes mieux ménagé. L'unité d'action, et celle de jour et de lieu, y ont leur justesse[1]; et les scrupules qui peuvent naître touchant ces deux dernières se dissiperont aisément, pour peu qu'on me veuille prêter de cette faveur que l'auditeur nous doit toujours, quand l'occasion s'en offre, en reconnaissance de la peine que nous avons prise à le divertir.

Il est hors de doute que si nous appliquons ce poème à nos coutumes, le sacrifice se fait trop tôt après la venue de Sévère, et cette précipitation sortira du vraisemblable par la nécessité d'obéir à la règle. Quand le roi envoie ses ordres dans les villes pour y faire rendre des actions de grâces pour ses victoires, ou pour d'autres bénédictions qu'il reçoit du ciel, on ne les exécute pas dès le jour même; mais aussi il faut du temps pour assembler le clergé, les magistrats et les corps de ville, et c'est ce qui en fait différer l'exécution. Nos acteurs n'avaient ici aucune de ces assemblées à faire.

Il suffisait de la présence de Sévère et de Félix, et du ministère du grand prêtre; ainsi nous n'avons eu aucun besoin de remettre ce sacrifice en un autre jour. D'ailleurs, comme Félix craignait ce favori, qu'il croyait irrité du mariage de sa fille, il était bien aise de lui donner le moins d'occasion de tarder qu'il lui était possible, et de tâcher, durant son peu de séjour, à gagner son esprit par une prompte complaisance, et montrer tout ensemble une impatience d'obéir aux volontés de l'empereur.

L'autre scrupule regarde l'unité de lieu, qui est assez exacte, puisque tout s'y passe dans une salle ou antichambre commune aux appartements de Félix et de sa fille. Il semble que la bienséance y soit un peu forcée pour conserver cette unité au second acte, en ce que Pauline vient jusque dans cette antichambre pour trouver

---

1. Y sont observées avec justesse.

QUESTIONS

● LIGNES 58-69. Le jugement que Corneille porte sur le style de sa propre pièce coïncide-t-il avec le vôtre? — Est-il exact que les dévots et les gens du monde soient tombés d'accord pour se déclarer satisfaits de la pièce? (Reportez-vous à quelques-uns des jugements cités pp. 149-153.) — Pourquoi Corneille se montre-t-il tellement soucieux de prouver qu'il a respecté la règle des trois unités? S'était-il résigné après la querelle du *Cid*? Quelles étaient les principales critiques de ses adversaires? A qui s'adresse l'auteur de *Polyeucte* dans ses justifications, ici?

● LIGNES 70-86. L'unité de temps : appréciez les justifications de l'auteur. Est-il aussi vraisemblable que le prétend Corneille de voir se dérouler, en vingt-quatre heures, tous ces événements? Le moment du sacrifice est-il seul critiquable? L'objection examinée ici ne témoigne-t-elle pas, de la part de Corneille, d'une certaine habileté?

SILVAIN (1851-1930), sociétaire de la Comédie-Française, dans le rôle de Félix.

Phot. Bernand.

Phot. Lipnitzki.

**JACQUES DESTOOP DANS LE RÔLE DE POLYEUCTE
À LA COMÉDIE-FRANÇAISE (1960).**

Sévère, dont elle devrait attendre la visite dans son cabinet[1]. A quoi je réponds qu'elle a eu deux raisons de venir au-devant de lui : l'une, pour faire plus d'honneur à un homme dont son père redou-
95 tait l'indignation, et qu'il lui avait commandé d'adoucir en sa faveur ; l'autre, pour rompre aisément la conversation avec lui, en se retirant dans ce cabinet, s'il ne voulait pas la quitter à sa prière, et se délivrer, par cette retraite, d'un entretien dangereux pour elle, ce qu'elle n'eût pu faire, si elle eût reçu sa visite dans
100 son appartement.

Sa confidence avec Stratonice, touchant l'amour qu'elle avait eu pour ce cavalier[2], me fait faire une réflexion sur le temps[3] qu'elle prend pour cela. Il s'en[4] fait beaucoup sur nos théâtres, d'affections qui ont déjà duré deux ou trois ans, dont on attend à[5] révéler le
105 secret justement au jour de l'action qui se présente, et non seulement sans aucune raison de choisir ce jour-là plutôt qu'un autre pour le déclarer, mais lors même que vraisemblablement on s'en est dû ouvrir beaucoup auparavant avec la personne à qui on en fait confidence. Ce sont choses dont il faut instruire le spectateur
110 en les faisant apprendre par un des acteurs à l'autre ; mais il faut prendre garde avec soin que celui à qui on les apprend ait eu lieu de les ignorer jusque-là aussi bien que le spectateur, et que quelque occasion tirée du sujet oblige celui qui les récite à rompre enfin un silence qu'il a gardé si longtemps. L'Infante, dans *le Cid*, avoue
115 à Léonor l'amour secret qu'elle a pour lui, et l'aurait pu faire un an ou six mois plus tôt. Cléopâtre, dans *Pompée*[6], ne prend pas des mesures plus justes avec Charmion ; elle lui conte la passion de César pour elle, et comme

Chaque jour ses courriers
Lui portent en tribut ses vœux et ses lauriers[7].

Cependant comme il ne paraît personne avec qui elle ait plus d'ou-
120 verture de cœur qu'avec cette Charmion, il y a grande apparence que c'était elle-même dont cette reine se servait pour introduire ces courriers, et qu'ainsi elle devait savoir déjà tout ce commerce entre César et sa maîtresse. Du moins il fallait marquer quelque raison qui lui eût laissé ignorer jusque-là tout ce qu'elle lui apprend,
125 et de quel autre ministère cette princesse s'était servie pour recevoir ces courriers. Il n'en va pas de même ici. Pauline ne s'ouvre avec

---

1. *Cabinet* : pièce d'un appartement où l'on se tient pour travailler ou converser en particulier ; 2. *Cavalier* : gentilhomme ; 3. Le moment ; 4. Des confidences ; 5. Pour ; 6. *La Mort de Pompée* (1644) ; 7. Acte II, scène première, vers 391-392.

QUESTIONS

● LIGNES 87-100. L'unité de lieu : montrez que les raisons alléguées pour expliquer que Pauline vienne au-devant de Sévère jusque dans la fameuse antichambre sont en effet parfaitement admissibles. (Sur le transfert de Polyeucte de sa prison au palais, dont Corneille ne dit rien ici, voir les vers 1075-1076.)

Stratonice[1] que pour lui faire entendre le songe qui la trouble, et les sujets qu'elle a de s'en alarmer, et comme elle n'a fait ce songe que la nuit d'auparavant, et qu'elle ne lui eût jamais révélé son secret sans cette occasion qui l'y oblige, on peut dire qu'elle n'a point eu lieu de lui faire cette confidence plus tôt qu'elle ne l'a faite.

Je n'ai point fait de narration de la mort de Polyeucte, parce que je n'avais personne pour la faire ni pour l'écouter que des païens qui ne la pouvaient ni écouter ni faire comme ils avaient fait et écouté celle de Néarque, ce qui aurait été une répétition et marque de stérilité, et en outre n'aurait pas répondu à la dignité de l'action principale, qui est terminée par là. Ainsi j'ai mieux aimé la faire connaître par un saint emportement[2] de Pauline, que cette mort a convertie, que par un récit qui n'eût point eu de grâce dans une bouche indigne de le prononcer. Félix son père se convertit après elle, et ces deux conversions, quoique miraculeuses, sont si ordinaires dans les martyres qu'elles ne sortent point de la vraisemblance, parce qu'elles ne sont pas de ces événements rares et singuliers qu'on ne peut tirer en exemple; et elles servent à remettre le calme dans les esprits de Félix, de Sévère et de Pauline, que sans cela j'aurais eu bien de la peine à retirer du théâtre dans un état qui rendît la pièce complète, en ne laissant rien à souhaiter à la curiosité de l'auditeur.

---

1. Ne fait sa confidence à Stratonice; 2. Acte V, scène v.

— QUESTIONS —

● LIGNES 101-131. « La confidence avec Stratonice » : vérifiez qu'en effet c'est pour expliquer la frayeur où la jette le songe que Pauline est amenée à informer Stratonice de l'amour qu'elle a eu pour Sévère. Corneille ne manifeste-t-il pas tout au long de ce paragraphe une satisfaction d'auteur un peu exagérée? Est-ce naïveté, malice ou humilité compensatoire, s'il l'accompagne d'une autocritique portant sur deux autres de ses pièces?

● LIGNES 132-140. Distinguez la nature des deux arguments invoqués ici. Quelle en est la valeur?

● LIGNES 140-147. Que pensez-vous de la façon dont Corneille entend justifier la conversion de Pauline, et surtout celle de Félix : « Ces deux conversions [...] sont si ordinaires dans les martyres qu'elles ne sortent point de la vraisemblance »? La notion de *vraisemblance* n'est-elle pas ici invoquée d'une façon fort ambiguë? Montrez que c'est là un phénomène coutumier chez Corneille; soulignez que, dans ses pièces plus tardives, il s'appuiera de plus en plus sur l'autorité du document, contre la simple vraisemblance. Pourquoi? N'est-ce pas en rapport avec l'éthique exceptionnelle de ses héros, qui ont besoin de situations extraordinaires?
— Essayez de vérifier la vraisemblance interne, dans *Polyeucte*, c'est-à-dire l'harmonie entre les personnages, les situations et leurs actes.

■ SUR L'ENSEMBLE DE L' « EXAMEN ». — L'Abrégé s'employait surtout à désarmer la critique des dévots. Montrez que l'Examen, lui, est surtout destiné aux « doctes », à ceux qui prétendaient juger selon les « règles ».

JUGEMENTS SUR « POLYEUCTE »

SUR L'ENSEMBLE DE LA PIÈCE

Si le public fit à la tragédie un grand succès dès sa création, les critiques furent vives dans certaines coteries littéraires, comme en témoigne l'anecdote racontée par Fontenelle, qui assure que Corneille fit, avant la représentation de sa pièce, une lecture de celle-ci à l'Hôtel de Rambouillet.

La pièce fut applaudie autant que le demandaient la bienséance et la grande réputation que l'auteur avait déjà; mais quelques jours après, M. de Voiture vint trouver M. Corneille et prit les tours fort délicats pour lui dire que *Polyeucte* n'avait pas réussi comme il pensait, que surtout le christianisme avait extrêmement déplu.

Fontenelle,
Vie de Corneille.

Le caractère religieux de la pièce, ou plutôt le mélange de sacré et de profane, soulève beaucoup d'objections au XVIIe siècle. Des doctes comme l'abbé d'Aubignac, des dévots comme le prince de Conti et même un « honnête homme » comme Saint-Evremond (en général pourtant favorable à Corneille) critiquent Polyeucte soit au nom du goût, soit au nom de la morale et, souvent, au nom des deux à la fois.

Que les auteurs prennent garde de ne pas mêler aux tragédies saintes les galanteries du siècle, et de laisser paraître des passions humaines qui donnent de mauvaises idées aux spectateurs et les portent à des pensées vicieuses. Car ce mélange fait qu'elles deviennent odieuses par la sainteté du sujet, ou que la sainteté du sujet est méprisée par la complaisance que plusieurs ont à cette coquetterie. C'est la faute où M. Corneille est tombé dans le *Martyre de Polyeucte*, où, parmi tant de propos chrétiens et tant de beaux sentiments de la religion, Pauline fait avec Sévère un entretien si peu convenable à une honnête femme.

Abbé d'Aubignac,
Pratique du théâtre (1657).

Dans le *Polyeucte* de Corneille [...], Stratonice, qui n'est qu'une simple suivante, et quelques autres acteurs font plusieurs discours en faveur de la religion des païens et disent une infinité d'injures contre le christianisme, qu'ils ne traitent que de crimes et d'extravacances, et l'auteur n'introduit aucun acteur capable d'y répondre et d'en détruire la fausseté.

Abbé d'Aubignac,
Pratique du théâtre
(nouveau chapitre manuscrit du livre VI intitulé :
« Des discours de piété »).

En vérité, y a-t-il rien de plus sec et de moins agréable que ce qui est de saint dans cet ouvrage? Y a-t-il personne qui ne soit mille fois plus touché de l'affliction de Sévère, lorsqu'il trouve Pauline mariée, que du martyre de Polyeucte?

Le prince de Conti,
Traité de la comédie (1666).

L'esprit de notre religion est directement opposé à celui de la tragédie. L'humilité et la patience de nos saints sont trop contraires à la vertu des héros que demande le théâtre. Quel zèle, quelle force le ciel n'inspire-t-il pas à Néarque et à Polyeucte? Et que ne font pas ces nouveaux chrétiens pour répondre à ces heureuses inspirations? L'amour et les charmes d'une jeune épouse chèrement aimée ne font aucune impression sur l'esprit de Polyeucte. La considération de la politique de Félix, comme moins touchante, fait moins d'effet. Insensible aux prières et aux menaces, Polyeucte a plus envie de mourir pour Dieu que les autres hommes n'en ont de vivre pour eux. Néanmoins, ce qui eût fait un beau sermon faisait une misérable tragédie, si les entretiens de Pauline et de Sévère, animés d'autres sentiments et d'autres passions, n'eussent conservé à l'auteur la réputation que les vertus chrétiennes de nos martyrs lui eussent ôtée.

Saint-Evremond,
De la tragédie ancienne et moderne (1672).

Plus tard dans le siècle, les mêmes points de vue sont confirmés par l'abbé de Villiers, qui soutient le point de vue des « doctes », et par la dévote Mme de Maintenon.

L'abbé de Villiers imagine un dialogue entre Timante, partisan de la tragédie chrétienne, et Cléarque, qui en est l'adversaire.

Vous croyez donc qu'on ne peut faire de bonnes tragédies sur des sujets saints?

— Je crois du moins qu'on ne voudrait pas se hasarder à en faire. Quoique l'hôtel de Bourgogne n'ait été donné aux comédiens que pour représenter les histoires saintes, je ne crois pas que ces messieurs voulussent reprendre aujourd'hui leur ancienne coutume : ils se sont trop bien trouvés des sujets profanes pour les quitter.

JUGEMENTS — 151

— J'ai ouï dire qu'ils ne s'étaient pas plus mal trouvés des sujets saints et qu'ils avaient gagné plus d'argent au *Polyeucte* qu'à quelque autre tragédie qu'ils aient représentée depuis.

— Il est vrai que cette tragédie réussit bien. M. Corneille la hasarda sur sa réputation, et il crut par le succès qu'il eut qu'il en pouvait hasarder encore une autre. Il donna *Théodore* ; cette dernière ne réussit point, et depuis personne n'a osé tenter la même chose ; on a renvoyé ces sortes de sujets dans les collèges où tout est bon pour exercer les enfants et où l'on peut impunément représenter tout ce qui est capable d'inspirer ou de la dévotion ou la crainte des jugements de Dieu.

Abbé de Villiers,
Entretien sur les tragédies de ce temps (1675).

Il faudrait surtout interdire les spectacles qui donnent une idée de martyre, rien n'étant plus dangereux pour les nouveaux catholiques et pour les anciens.

Mme de Maintenon,
Mémoire adressé au roi (1688).

Les deux jugements de Voltaire, formulés à trente ans d'intervalle, révèlent une double évolution : tout d'abord, on ne se préoccupe plus de savoir s'il est légitime de placer sur scène un sujet sacré, et, d'autre part, l'intérêt glisse des personnages de Sévère et de Pauline, tant goûtés au XVIIe siècle, à celui de Polyeucte. Même la critique de l'Allemand Lessing laisse entrevoir que l'intention de Corneille est désormais mieux interprétée.

De Polyeucte la belle âme
Aurait faiblement attendri
Et les vers chrétiens qu'il déclame
Seraient tombés dans le décri,
N'eût été l'amour de sa femme
Pour ce païen son favori
Qui méritait bien mieux sa flamme
Que son bon dévot de mari.

Voltaire,
Epître dédicatoire de « Zaïre » (1733).

On devient enthousiaste avec Polyeucte. [...] Dacier attribue tout le succès à Sévère et à Pauline. Cette opinion est assez générale. Mais il faut avouer qu'il y a de très beaux traits dans le rôle de Polyeucte et qu'il a fallu un grand génie pour manier un sujet si difficile.

Voltaire,
Commentaire sur Corneille (1764).

La compassion décroît précisément dans la proportion où l'admiration s'accroît. Par ce principe, je tiens le *Polyeucte* de Corneille pour blâmable, quoiqu'en raison de beautés bien différentes il ne doive jamais cesser de plaire. Polyeucte veut devenir martyr, il aspire à la mort et aux tortures, il les considère comme le premier degré d'une vie infiniment heureuse; j'admire le pieux enthousiaste, mais je craindrais de courroucer son esprit dans le sein de la béatitude éternelle, si j'éprouvais pour lui quelque compassion.

Lessing,
Lettre à Mendelssohn, le 18 décembre 1756.

A partir du XIXe siècle, la signification profonde de la pièce est mieux mise en lumière, avec sa valeur théologique et morale.

La doctrine de la grâce que relevait Port-Royal allait se divulguant : il devient évident par *Polyeucte* qu'elle circula jusqu'à Corneille [...]. Il s'était emparé, au passage, de cette idée grondante, de ce coup de foudre de la grâce, pour s'en faire hardiment un tragique flambeau [...]. Il ne serait pas malaisé, à mon sens, de soutenir cette thèse : Corneille est de Port-Royal par *Polyeucte*.

Sainte-Beuve,
Port-Royal, tome I, chapitre VI (1840).

Ce qui fait, entre vingt causes, de *Polyeucte* une réussite unique, l'œuvre entre toutes éminente, c'est le parfait équilibre. La netteté en est parfaite, et la grandeur, l'agrandissement n'en est pas moins infini. La grandeur du texte est parfaite et totale et la grandeur de l'extratexte n'en reçoit pourtant aucune limitation. Par le dedans. Aucun empêchement. La pureté, la dureté du texte ne se laisse entamer en rien. Elle ne se laisse pas ronger d'un grain. La ligne est aussi pure, la pierre est aussi nette, aussi dure, aussi exacte; aussi dure sous l'ongle; aussi parfaitement, aussi exactement dure. Et le texte et l'œuvre n'en baignent pas moins dans des obscurs, dans des ombres, dans des lumières infinies.

Tout ce classique, toute cette mesure, sans biaiser d'une ligne, sans reculer d'une ligne, sans se laisser entamer, ronger, atteindre d'une ligne, n'en baigne pas moins dans un océan de démesuré, de surmesure, d'extramesure.

Là est la réussite unique.

Charles Péguy,
Victor-Marie, comte Hugo (1910).

La Bruyère dira que Corneille avait peint les hommes tels qu'ils devraient être. Formule désenchantée d'un moraliste qui a sous les yeux une génération dressée à la servitude. Corneille lui aurait répondu qu'en créant Polyeucte, Sévère et Pauline il avait peint les hommes, non pas comme ils devraient être, mais comme ils peuvent être, comme ils sont lorsqu'ils ont le courage d'être des hommes.

Antoine Adam,
Histoire de la littérature française au XVIIe siècle,
tome I (1948).

SUR LE PERSONNAGE DE POLYEUCTE

D'abord il n'est pas vrai que Polyeucte atteigne sans effort au martyre, c'est-à-dire à la sainteté, car il est homme dans toute la première partie de la pièce; puis, même après la crise du quatrième acte, qui le transfigure et déjà le sanctifie, il n'est pas vrai qu'il se repose dans une perfection impossible.

Félix Hémon,
Introduction à une édition de *Polyeucte* (1930).

A peine entrevoyons-nous au lever du rideau ce jeune Arménien, tendre et brillant, que fut Polyeucte, déjà il n'est plus là, rien ne reste de lui qu'une apparence : ce n'est plus Polyeucte qui vit, mais Jésus en lui. Ceux qui l'ont aimé s'irritent de se débattre contre cet absent.

François Mauriac,
Journal.

SUR LE PERSONNAGE DE PAULINE

Madame la Dauphine disait l'autre jour, en admirant Pauline de *Polyeucte* : « Eh bien! Voilà la plus honnête femme du monde qui n'aime point du tout son mari. »

Mme de Sévigné,
Lettre du 28 août 1680.

La création de Pauline est une de ces gloires, de ces grandeurs dramatiques qu'on devrait plus souvent citer. Antigone chez les Grecs, Didon chez les Latins, Desdémone et Ophélie dans Shakespeare, Françoise de Rimini chez Dante, la Marguerite de Goethe, ce sont là des noms sans cesse ramenés, des types aimés de tous, reconnus et salués du plus loin qu'on les rencontre. Pourquoi Pauline n'y figure-t-elle pas également? Elle a, elle garde, même dans son impétuosité et dans son extraordinaire, des qualités de sens, d'intelligence, d'équilibre, qui en font une héroïne à part, romaine sans doute, mais à la fois bien française. Pauline n'est pas du tout passionnée dans le sens antique : l'amour, comme elle peut le ressentir, ne rentre pas dans ces maladies fatales, dans ces vengeances divines dont les Didon et les Phèdre sont atteintes [...]. Elle n'a pas non plus la mélancolie moderne et la rêverie de pensée des Marguerite et des Ophélie. Pauline est précise, elle est sensée.

Sainte-Beuve,
Port-Royal, tome I, chapitre VI (1840).

SUR LE PERSONNAGE DE SÉVÈRE

Sévère est un caractère tout grand, tout désintéressé, tout chevaleresque en un sens, mais un rôle humain; c'est l'« idéal humain » de la pièce, dont le reste exprime l'idéal chrétien.

Sainte-Beuve,
Port-Royal, tome I, chapitre VI (1840).

SUR LE PERSONNAGE DE FÉLIX

A propos du vers 1054 (Mais si, par son trépas, l'autre épousait ma fille), Voltaire écrit :

Voilà le sentiment le plus bas qu'on puisse développer, mais il est ménagé avec art. J'ai toujours remarqué qu'on n'écoutait pas sans plaisir l'aveu de ces sentiments, tout condamnables qu'ils sont : on sentait qu'il n'est que trop vrai que souvent les hommes sacrifient tout à leur propre intérêt. C'est ici le lieu d'examiner si on peut mettre sur la scène tragique des sentiments bas et lâches. Le public, en général, ne les aime pas; cependant, puisque tous ces caractères sont dans la nature, il semble qu'il soit permis de les peindre, et l'art de les faire contraster avec des personnages héroïques peut parfois produire des beautés.

Voltaire,
Commentaire sur Corneille (1764).

La catastrophe est amenée dans *Polyeucte* par un moyen mauvais à tous égards : ce Félix, dont la basse lâcheté fait tourner contre Polyeucte tous les efforts de son rival pour le sauver, gâte toute la beauté du tableau.

A. W. Schlegel,
Cours de littérature dramatique (1809).

Je ne ferai point au rôle de Félix l'honneur de le mettre même en seconde ligne : il a de la bassesse, on l'a dit; mais il a aussi dans son embarras une teinte de comique qui repose; on est tenté de lui appliquer *le pauvre homme;* c'est l'abbé de Vauclair[1] de la tragédie.

Sainte-Beuve,
Port-Royal, tome I, chapitre VI (1840).

---

1. Inspirateur de la mère Angélique, lors de la fameuse « journée du guichet », *l'abbé de Vauclair* fit les frais de la réconciliation entre la mère Angélique et sa famille : « Toute la colère apaisée ou réprimée, dont on ne savait plus que faire, se réveilla et se déchargea sur lui : ce fut un haro sur le pauvre moine. »

SUJETS DE DEVOIRS ET D'EXPOSÉS

NARRATIONS

● Stratonice fait le récit de la mort de Polyeucte.

● Lettre de Sévère à l'empereur Décie pour l'informer des événements de Mélitène et plaider en faveur des chrétiens.

● Conversation entre deux jeunes gens qui viennent de voir jouer *Polyeucte* pour la première fois.

● Discussion entre un dévot ennemi de la pièce (voir, pp. 149-150, les jugements de l'abbé d'Aubignac et du prince de Conti) et un défenseur de Corneille.

● Conseils donnés par un metteur en scène pour l'interprétation du rôle de Polyeucte (ou de Pauline, de Sévère, de Félix).

DISSERTATIONS ET EXPOSÉS

● Après avoir lu, vu et étudié *Polyeucte*, quelle réponse feriez-vous à cette déclaration fracassante de Paul Claudel : « Non! Corneille n'est pas un poète [...]. Je le salue, je ne l'aime pas. Pardonnez-moi cet excès d'indignation. Il y a longtemps que j'ai sur le cœur cet horrible paquet d'alexandrins dont on m'a gavé dans ma jeunesse, ce théâtre conventionnel ou, pour mieux dire, cadavérique, dont on essaye de maintenir le goût à force de professeurs et de millions » (*Lettre* à Robert Brasillach, 10 juillet 1938).

● Pensez-vous, avec Corneille, que la beauté de *Polyeucte* consiste dans un « agréable mélange » des « tendresses de l'amour humain avec la fermeté du divin » (voir l'*Examen*)?

● Commentez, en vous fondant sur une analyse de *Polyeucte*, ce jugement de Péguy : « En réalité, le conflit dans Corneille, ce n'est pas un conflit entre le devoir, qui serait une hauteur, et la passion, qui serait une bassesse. C'est un débat tragique [...] entre une grandeur et une autre grandeur, entre une noblesse et une autre noblesse » (*Note conjointe sur M. Descartes*).

● *Polyeucte*, tragédie de la générosité.

156 — *SUJETS DE DEVOIRS*

● Le rôle de la grâce et le rôle de la volonté dans l'élévation de Polyeucte vers la sainteté.

● Commentez et discutez ce point de vue d'Octave Nadal, en limitant le débat au cas de Polyeucte : « La gloire — et non la raison, le bien ou la vertu morale — explique et commande la morale cornélienne [...]. C'est la gloire qui amène Polyeucte à abandonner le monde et Pauline » (« Traité des passions selon Corneille », *Information littéraire*, janvier-février 1949).

● « Il n'est plus question d'employer un singulier appauvrissant : le héros cornélien », écrit Georges Couton (« Etat présent des études cornéliennes », *Information littéraire*, mars-avril 1956). Vérifiez-le en analysant les quatre principaux personnages de Polyeucte.

● Les divers visages de l'amour dans *Polyeucte*.

● Louis Herland évoque le « climat réaliste » du théâtre de Corneille, « ce poids d'humble vérité humaine, confinant parfois au comique, qui distingue les tragédies de Corneille » (*Corneille par lui-même*, p. 67). Vous vérifierez que ce « climat » existe bien dans *Polyeucte*.

● Appliquez à *Polyeucte* ce jugement de Louis Herland (*Corneille par lui-même*, p. 92) : « C'est vraiment toute la matière d'une vaste *Comédie humaine* qui se trouve étroitement mêlée et fondue, dans l'œuvre de Corneille, à la plus étonnante vision épique de l'histoire qu'un poète nous ait donnée. »

TABLE DES MATIÈRES

	Pages
Résumé chronologique de la vie de Corneille	4
Corneille et son temps	6
Bibliographie sommaire	8
Notice sur « Polyeucte »	9
Lexique	20
Dédicace	25
Abrégé du martyre de saint Polyeucte	27
Premier acte	33
Deuxième acte	54
Troisième acte	76
Quatrième acte	96
Cinquième acte	120
Examen de « Polyeucte »	142
Jugements sur « Polyeucte »	149
Sujets de devoirs et d'exposés	155

Imp. LAROUSSE, 1 à 9, rue d'Arcueil, Montrouge (Hauts-de-Seine).
Mars 1965. — Dépôt légal 1965-1er. — N° 3739. — N° de série Éditeur 3857.
IMPRIMÉ EN FRANCE (*Printed in France*). — 31.935 E-7-67.

les dictionnaires Larousse

sont constamment tenus à jour :

en un volume
PETIT LAROUSSE
Une netteté incomparable (imprimé en offset). Les mots les plus récents ; toutes les définitions renouvelées. Des renseignements encyclopédiques rigoureusement à jour aussi bien dans la partie « vocabulaire » que dans la partie « noms propres ».
1 808 pages (14,5 × 21 cm), 5 130 ill. et 114 cartes en noir, 48 h.-t. en couleurs, atlas de 24 pages.

Existe également en édition de luxe, papier bible, reliure pleine peau.

LAROUSSE CLASSIQUE
Le dictionnaire du baccalauréat, de la 6e à l'examen : sens moderne et classique des mots, tableaux de révision, cartes historiques, etc.
1 290 pages (14 × 20 cm), 53 tableaux historiques, 153 planches en noir, 48 h.-t. et 64 cartes en noir et en couleurs.

DICTIONNAIRE DU VOCABULAIRE ESSENTIEL
par G. Matoré, directeur des Cours de Civilisation française à la Sorbonne. Les 5 000 mots fondamentaux de la langue française, définis à l'aide de ce même vocabulaire, avec de nombreux exemples d'application. 360 pages (13 × 18 cm), 230 illustrations.

en trois volumes (23 × 30 cm)
LAROUSSE 3 VOLUMES EN COULEURS
retenu parmi les « 50 meilleurs livres de l'année ».
Le premier grand dictionnaire encyclopédique illustré en 4 couleurs à chaque page, qui fera date par la nouveauté de sa conception. Reliure verte ou rouge au choix, 3 300 pages, 400 tableaux, 400 cartes.

en dix volumes (21 × 27 cm)
GRAND LAROUSSE ENCYCLOPÉDIQUE
Dans l'ordre alphabétique, toute la langue française, toutes les connaissances humaines. 10 240 pages, 450 000 acceptions, 32 516 illustrations et cartes en noir, 314 hors-texte en couleurs.

dictionnaires pour l'étude du langage

une collection d'ouvrages reliés (13,5 × 20 cm) indispensables pour une connaissance approfondie de la langue française et une sûre appréciation de sa littérature :

DICTIONNAIRE DES LOCUTIONS FRANÇAISES
par Maurice Rat. 462 pages.

DICTIONNAIRE DES DIFFICULTÉS DE LA LANGUE FRANÇAISE
couronné par l'Académie française. Par Adolphe V. Thomas. 448 pages.

DICTIONNAIRE DES SYNONYMES
couronné par l'Académie française. Par R. Bailly. 640 pages.

DICTIONNAIRE ANALOGIQUE
par Ch. Maquet. Les mots par les idées, les idées par les mots. 600 pages.

NOUVEAU DICTIONNAIRE ÉTYMOLOGIQUE
par A. Dauzat, J. Dubois et H. Mitterand. 850 pages.

DICTIONNAIRE D'ANCIEN FRANÇAIS
par R. Grandsaignes d'Hauterive. 604 pages.

DICTIONNAIRE DES RACINES
des langues européennes. Par R. Grandsaignes d'Hauterive. 364 pages.

DICTIONNAIRE DES NOMS DE FAMILLE
et prénoms de France. Par A. Dauzat. 652 pages.

DICTIONNAIRE DES NOMS DE LIEUX
de France. Par A. Dauzat et Ch. Rostaing. 720 pages.

DICTIONNAIRE DES PROVERBES
sentences et maximes. Par M. Maloux. 648 pages.

DICTIONNAIRE DES RIMES FRANÇAISES
méthodique et pratique. Par Ph. Martinon. 296 pages.

DICTIONNAIRE DES ARGOTS
par G. Esnault. 644 pages. *Nouveauté.*

DICTIONNAIRE COMPLET DES MOTS CROISÉS
préface de R. Touren. 896 pages.

ouvrages scolaires
pour l'enseignement du français

collection « le français »

Cette nouvelle collection est conforme aux programmes officiels et présente un choix nouveau de textes; les questionnaires proposent une série de sujets de narration et d'exercices obligeant l'élève à bien pénétrer les extraits présentés. Des notices littéraires et historiques précèdent chaque groupe de textes.

LE FRANÇAIS EN SIXIÈME
par P. Durand et L. Roullois.

LE FRANÇAIS EN CINQUIÈME
par P. Durand et L. Roullois.

LE FRANÇAIS EN QUATRIÈME
par P. Durand, J. Guislin et L. Roullois.

LE FRANÇAIS EN TROISIÈME
par S. Baudouin, F. Corteggiani et P. Durand.

volumes cartonnés (15 × 21 cm).

cours de grammaire

par R. Lagane, professeur agrégé, J. Dubois, professeur agrégé, et G. Jouannon, professeur de C. C.; le cours comprend :

une **GRAMMAIRE FRANÇAISE** pour toute la scolarité — trois volumes d'**EXERCICES DE FRANÇAIS** : classe de sixième — classe de cinquième — classes de quatrième et troisième.

volumes cartonnés (14,5 × 20 cm).

dans la collection in-quarto Larousse

LITTÉRATURE FRANÇAISE

en **DEUX VOLUMES (21 × 30 cm)**, publiée sous la direction de J. Bédier et P. Hazard, de l'Académie française ; édition refondue et augmentée par P. Martino.

Cette édition de la célèbre histoire de la Littérature française de Bédier et Hazard se présente avec toutes les garanties de la recherche scientifique la plus consciencieuse et la plus actuelle. Elle accorde au mouvement littéraire contemporain la place qui doit lui revenir.

Ces deux volumes forment de plus, par leurs centaines d'illustrations en noir et en couleurs, une grande et magnifique « littérature française en images ».

1 010 pages, 1 107 illustrations, 12 planches en couleurs. Index alphabétique de 4 000 noms.

dans la même collection :

HISTOIRE DE FRANCE (2 vol.) — LA FRANCE, géographie, tourisme (2 vol.) — L'ART ET L'HOMME (3 vol.) — ASTRONOMIE, les astres, l'univers — LA TERRE, notre planète — LA MONTAGNE — LA MER — LA VIE DES PLANTES — LA VIE DES ANIMAUX (2 vol.) — GÉOGRAPHIE UNIVERSELLE LAROUSSE (3 vol.) — HISTOIRE UNIVERSELLE (2 vol.) — LA VIE — MYTHOLOGIES (2 vol.) — LA SCIENCE CONTEMPORAINE (2 vol.) — LA MUSIQUE, les hommes, les instruments, les œuvres (2 vol.) — LE CINÉMA, *nouveauté*.

*l'essentiel des connaissances de notre temps
présenté dans l'ordre méthodique*

MÉMENTO LAROUSSE
encyclopédique et illustré

Vingt ouvrages en un seul. Un volume de 992 pages (14,5 × 21 cm), illustré d'un très grand nombre de cartes, cartons, gravures, planches, tableaux, etc., dont 25 en couleurs. Relié.

Aperçu des matières : Droit usuel — Grammaire — Littérature — Histoire — Géographie — Mathématiques — Physique — Chimie — Sciences naturelles — Savoir-vivre — Correspondance, etc.

ENCYCLOPÉDIE LAROUSSE MÉTHODIQUE
le complément des grands dictionnaires

Deux forts volumes (21 × 30 cm), renfermant un ensemble de grands traités sur toutes les branches du savoir humain. Un ouvrage utile aux étudiants comme à toute personne soucieuse d'entretenir sa culture.

2 386 pages, 6 500 gravures et cartes dans le texte, 55 planches et cartes hors texte en couleurs et en noir. Reliés sous jaquette illustrée.

ENCYCLOPÉDIE LAROUSSE POUR LA JEUNESSE

Cette encyclopédie d'une formule entièrement nouvelle constitue pour les adolescents un fonds de bibliothèque leur offrant, sous une forme attrayante, la masse des connaissances acquises au cours de leurs années scolaires, de la 6ᵉ à la 3ᵉ (un ensemble de 5 volumes), enrichies d'anecdotes, de contes et de récits historiques.

Chaque volume, relié (16,5 × 23 cm), sous jaquette en couleurs, 480 pages, 1 500 illustrations en couleurs et en noir.